5-7, rue de l'Ecole-Polytechnique, 75005 Paris

http://www.harmattan.fr
diffusion.harmattan@wanadoo.fr
harmattan1@wanadoo.fr

ISBN : 978-2-343-09176-1
EAN : 9782343091761

Prévention du génocide

Brice Poreau

Prévention du génocide

L'enseignement du Rwanda

L'Harmattan

SOMMAIRE

INTRODUCTION

De l'État aux libertés individuelles : comprendre la reconnaissance du génocide au Rwanda et ses enjeux

Le génocide rwandais a eu lieu entre avril et juillet 1994.

Cette simple phrase reste lourde de sens. Elle implique tout un combat de lutte contre le négationnisme. Elle implique tout un combat concernant la nécessité de s'interroger sur le génocide rwandais. Il y a plus de vingt ans, un million d'êtres humains ont été les victimes de leurs pairs, d'autres êtres humains. En cela, le génocide est un crime contre l'humanité, qui est, à lui seul, une catégorie à part.

S'interroger sur le génocide rwandais, c'est s'interroger sur l'humanité elle-même. Comment penser que notre voisin, celui avec qui nous discutons, peut venir assassiner toute notre famille ? Comment penser que nous, nous soyons un jour en mesure d'aller assassiner notre voisin et sa famille ? Victimes, bourreaux, les massacres qui ont eu lieu ont non seulement nécessité une organisation préparée impliquant des forces militaro-politiques, mais c'est aussi tout un chacun qui a commis des actes d'abomination, et c'est aussi tout un chacun qui en a été victime.

Un schéma particulièrement simpliste (donc faux) classiquement commenté présente une guerre d'ethnies entre Hutu et Tutsi. Cette distinction, inscrite sur les cartes d'identité jusqu'en 1994, est clairement une vision datant de la colonisation occidentale, dès la fin du dix-neuvième siècle mais surtout durant le vingtième siècle. Le royaume du Rwanda est « découvert » par les Allemands assez tardivement durant le dix-neuvième siècle. Le Rwanda devient ensuite une colonie belge, lors de la Première Guerre mondiale. La distinction Hutu / Tutsi est utilisée par les administrateurs pour permettre une gestion du pays par les colons. L'indépendance du pays est proclamée le 1er juillet 1962. Des cérémonies ont eu lieu en 2012 pour commémorer le demi-siècle d'indépendance. Entre 1962 et aujourd'hui, plusieurs phases sanglantes ont eu lieu entre les différentes forces en présence : forces armées rwandaises au pouvoir jusqu'au génocide avec deux républiques et ce qui deviendra tardivement le Front patriotique rwandais à la fin des années 1980, au pouvoir depuis la fin du génocide.

Le 6 avril 1994, l'avion transportant les présidents du Rwanda et du Burundi est abattu en plein vol. Cet épisode déclenche les massacres jusqu'en juillet 1994 au Rwanda.

Il reste de grandes zones d'ombre aujourd'hui encore sur le déroulement et l'organisation des massacres, non seulement concernant les forces africaines mais aussi concernant le rôle des forces internationales présentes. Ces zones d'ombre ont, plus de vingt-et-un ans après, un retentissement sur les relations internationales entre le Rwanda et les pays occidentaux, dont la France par exemple, alors présente entre 1990 et 1994 et lors du génocide en juin 1994, par l'opération Turquoise comme mission humanitaire.

Depuis 1994, le Rwanda se reconstruit. Ce petit pays enclavé comptant une dizaine de millions d'habitants tente de surmonter la pire tragédie que l'humanité a connue. Cette reconstruction passe nécessairement par la « reconnaissance du génocide ». Qu'est-ce que la reconnaissance du génocide ?

Une première définition est une définition négative. C'est une lutte contre le négationnisme. Reconnaître le génocide, c'est s'opposer au fait de nier que des massacres ont été perpétrés. Pour rappel, le génocide est défini notamment dans l'article 2 du statut du Tribunal Pénal International pour le Rwanda : « Le génocide s'entend de l'un quelconque des actes ci-après, commis dans l'intention de détruire, en tout ou en partie, un groupe national, ethnique, racial ou religieux, comme tel :

a) Meurtre de membres du groupe ;

b) Atteinte grave à l'intégrité physique ou mentale de membres du groupe ;

c) Soumission intentionnelle du groupe à des conditions d'existence devant entraîner sa destruction physique totale ou partielle ;

d) Mesures visant à entraver les naissances au sein du groupe ;

e) Transfert forcé d'enfants du groupe à un autre groupe ».

Le négationnisme du génocide rwandais entend par exemple réfuter le caractère intentionnel, de réfuter les meurtres etc... La première définition de la reconnaissance est donc une opposition au négationnisme.

Nous souhaitons développer une seconde définition de la reconnaissance du génocide en tant que concept à part entière. Nous avons montré que le concept de reconnaissance, d'un point de vue philosophique, avait par exemple été étudié sur un modèle de « sphères de reconnaissance » ayant une implication sociale. Le génocide est un crime contre l'humanité à considérer comme à part. Le concept de « reconnaissance du génocide » est également un concept que nous voulons définir comme singulier. La définition que nous avons proposée est un « processus perpétuel de l'interprétation des faits ». La reconnaissance du génocide est alors un travail non seulement d'histoire, de philosophie, voire de sciences mais aussi un travail au quotidien que tout être humain a le devoir d'accomplir. Il s'agit du fait de transmettre (= processus) à chaque génération (= rendre perpétuel) la connaissance que nous avons en notre possession, qui peut donc être modifiée selon les nouvelles données à notre disposition (= interprétation des faits). Cette connaissance, mentionnée comme « interprétation » des faits, consiste à mettre à disposition les preuves du génocide, de les conserver pour les générations futures, et d'en découvrir de nouvelles. Il s'agit par exemple des lieux de mémoire, il s'agit des témoignages, il s'agit des procès qui ont eu lieu au niveau international (Tribunal pénal international pour le Rwanda), mais aussi les procès locaux (Gacaca). Il s'agit autant de micro-histoire que de macro-histoire. Il s'agit également d'archives internationales comme celles déclassifiées par la France sur les opérations menées en aval, pendant et en amont du printemps 1994. Cette connaissance est nécessaire pour la reconnaissance. Et cette seconde définition de la reconnaissance du génocide recoupe bien évidemment la première définition. Lutter contre le négationnisme passe nécessairement par la mémoire collective et les mémoires individuelles qui permettent de se souvenir, de ne pas oublier et de prévenir.

En effet, s'interroger sur les modes de reconnaissance du génocide a un objectif majeur : celui de prévenir les génocides.

« Plus jamais ça ». Ces trois mots qui résonnent sur nombre de lieux de mémoires du génocide rwandais, mais que l'on retrouve également sur les lieux de mémoire de la Shoah par exemple, restent le message fondamental que les générations ayant subi et lutté contre le génocide nous ont transmis. Notre génération a le devoir de transmettre ce message.

L'objet de cet essai est d'exposer cette thèse : la reconnaissance du génocide permet la prévention des génocides.

La définition de la reconnaissance du génocide, en tant que concept à part entière, est donc bien le point de départ de la réflexion. A la fois lutte et transmission. Cependant, comment cette reconnaissance du génocide peut-elle s'opérer ?

Ce sont deux niveaux de lecture qui apparaissent. Le premier concerne la reconnaissance du génocide comme acte institutionnel, étatique. Les débats sont nombreux. Faut-il inscrire qu'un état reconnaît un génocide dans une constitution, ou dans un acte officiel ? Quels sont les enjeux de la reconnaissance institutionnelle du génocide ? Nous développerons tout d'abord ce point de vue. Par ailleurs, la reconnaissance du génocide n'est-elle pas également un acte individuel ? C'est aussi ce que nous voulons montrer en ayant défini ce concept comme processus perpétuel de l'interprétation des faits. État, libertés individuelles sont nécessaires pour permettre pleinement l'expression de la reconnaissance du génocide. En cela, la prévention des génocides sera rendue possible. Nous questionnerons tout au long de cette approche dialectique le concept majeur de Liberté, sans lequel la reconnaissance du génocide est mise en péril.

Le présent ouvrage suivra la théorie présentée dans le schéma suivant (figure 1).

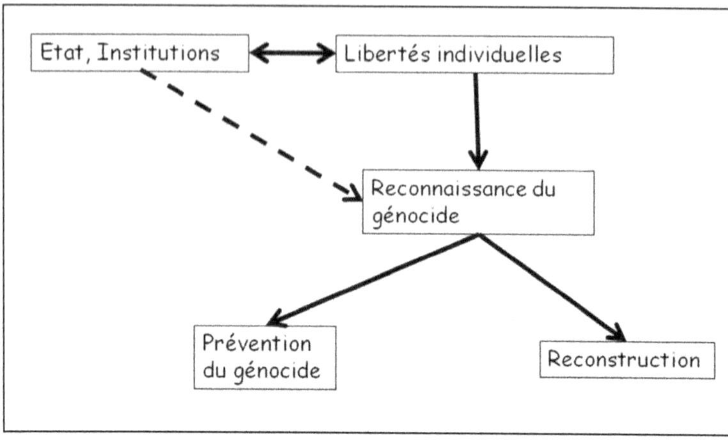

Figure 1 : Des libertés individuelles à la prévention du génocide. Cette figure comprend six domaines. L'État ou les Institutions sont les garants des libertés individuelles. Réciproquement, les libertés individuelles permettent le choix des membres de l'État et les Institutions. Les libertés individuelles permettent la reconnaissance du génocide. Est-ce que l'État participe directement à la reconnaissance du génocide ? La question est posée. Enfin, par la reconnaissance du génocide, la prévention d'une part est possible, et la reconstruction d'autre part est lancée.

Cette théorie (Fig. 1) est fondée sur l'interaction de six domaines. Tout d'abord, le rôle de l'État et des Institutions vis-à-vis des libertés individuelles permet de réfléchir au socle philosophique de ce qui sera la prévention du génocide. Réciproquement, nous avons noté une forme d'interaction entre les libertés individuelles et l'État. Il s'agit d'établir un rétrocontrôle. C'est-à-dire pouvoir notamment choisir les représentants de l'État et des Institutions grâce aux libertés individuelles. Les libertés individuelles entreront dans le cadre plus général de la liberté. Nous aborderons pour cela une philosophie qui met en avant la liberté dans un contexte historique particulier que nous rappellerons, l'existentialisme. Les libertés individuelles vont permettre la reconnaissance du génocide. Nous nous interrogerons également sur un potentiel rôle direct de l'État et des Institutions sur la reconnaissance du génocide. Enfin, la reconnaissance du génocide est une étape fondamentale qui pourra engendrer d'une part la prévention du génocide, et d'autre part, la reconstruction du pays.

Tout d'abord, le premier chapitre mentionne quelques éléments de géopolitique afin de donner les clés pour comprendre ultérieurement les liens entre les libertés individuelles et l'État. Puis le second chapitre montre les liens directs nécessaires entre l'État et les libertés individuelles en vue de la reconnaissance du génocide. Le troisième chapitre mettra en exergue les libertés individuelles et plus généralement le concept de liberté et le concept de reconnaissance du génocide tel que nous l'avons défini. Enfin, les deux derniers chapitres montreront les possibilités engendrées par la reconnaissance du génocide : la reconstruction et la prévention.

CHAPITRE I

Géopolitique du Rwanda : quelques clés pour comprendre

Le Rwanda est un petit pays d'Afrique subsaharienne. Sa superficie est d'un peu plus de 26 000 km² pour plus de 12 millions d'habitants. Il est enclavé, c'est-à-dire qu'il ne possède aucun accès direct à la mer. Cette problématique est cruciale comme pour d'autres pays africains (comme le Tchad), car les exportations par les voies maritimes sont rendues impossibles ou très coûteuses. Le Rwanda doit donc traiter avec ses pays voisins pour développer son économie par exemple. Ses voisins sont la République démocratique du Congo (plus de 2 300 000 km² pour plus de 81 600 000 habitants) à l'ouest, l'Ouganda (un peu plus de 240 000 km² pour presque 36 millions d'habitants) au nord, la Tanzanie (945 000 km² pour plus de 49 millions d'habitants) à l'est et le Burundi (un peu plus de 27 000 km² pour un peu moins de 10 millions d'habitants) au sud. Seul le Burundi au sud est donc un pays comparable au Rwanda. Le Rwanda est situé plus particulièrement dans la région des Grands Lacs. Le plus important d'entre eux est le lac Kivu d'une superficie de 2700 km². Si le Rwanda est un pays enclavé, sa situation géographique lui permet d'avoir de nombreux atouts. Le pays est situé sous l'équateur. Il comprend de nombreuses collines, d'où l'appellation *pays des mille collines*. Les villes sont situées pour certaines en altitude. La capitale par exemple, Kigali, est à 1400 mètres environ.

L'impression qu'a le visiteur lorsqu'il se rend au Rwanda, selon la saison, est celle d'un pays verdoyant du nord au sud et de l'est à l'ouest, avec des paysages différents entre la bordure des Grands Lacs ou encore le sud du pays.

Les chaînes volcaniques au nord du pays sont encore un paysage différent, donnant une vision luxuriante du Rwanda. La nature offre au Rwanda une richesse inestimable.

Le pays des mille collines est un pays très peuplé. Avec les données précédentes, la densité est d'un peu plus de 460 habitants au kilomètre carré. Il s'agit de l'un des pays les plus peuplés en Afrique. Environ un million d'habitants vivent à Kigali, la capitale. Le pays est divisé administrativement depuis le 31 décembre 2005 en plusieurs provinces[1] : Nord, Sud, Est, Ouest et la ville de Kigali. Chaque province est elle-même divisée en districts puis en secteurs. Ce remaniement administratif post-génocide est important pour comprendre la position forte du pouvoir central au Rwanda. Cette division administrative est également importante pour comprendre le mécanisme judiciaire qui s'est développé au Rwanda jusqu'en 2012[2].

Le Rwanda est donc un pays densément peuplé avec de nombreuses ressources naturelles. Il s'agit par exemple

---

[1] Dumas H. 2014. *Le génocide au village. Le massacre des Tutsi au Rwanda*. Seuil. Paris. p. 35-36.

[2] Poreau B. 2012. *Rwanda : une ère nouvelle. Comprendre la reconnaissance du génocide*. L'Harmattan. Paris.

Poreau B. 2016. *Rwanda et reconnaissance du génocide*. Deuxième édition. L'Harmattan. Paris.

d'un minerai : le coltan. Le coltan est en fait la colombite-tantalite. Son extraction permet ensuite la production de tantale. Le tantale est un métal très employé dans le domaine de l'électronique, notamment dans la fabrication de pièces de téléphones portables, dont le marché a explosé durant les années 2000[3]. D'autres ressources naturelles sont exploitées au Rwanda et permettent son essor économique : des minerais comme la cassitérite, le diamant, l'or, le café ou encore le bois.

Le Rwanda est donc un petit pays, densément peuplé, avec des richesses naturelles et des contraintes géographiques dues à son enclavement. Cette situation a engendré des conflits majeurs avec les pays voisins.

Le baromètre des conflits 2013, publié chaque année par un groupe de recherches basé à Heidelberg mentionne encore plusieurs conflits actifs pour la lutte du pouvoir national. Le pays est politiquement stable, mais les luttes armées ne sont pas totalement effacées. Le FDLR (Forces démocratiques de libération du Rwanda), a toujours une activité dans le Congo voisin. Cette lutte existe depuis plusieurs décennies, et avait atteint son paroxysme lors du génocide. Le baromètre relève aussi un conflit non violent des opposants du pouvoir en place, notamment les partis nommés UDF (Unified Democratic Party) et Democratic Green Party depuis 2010, avec une tendance haussière de l'intensité. Le pays est aujourd'hui dirigé par Paul Kagame, élu Président de la République au suffrage universel en 2003 et réélu en 2010. De cette étude récente, plusieurs éléments sont à prendre en compte. Premièrement, les résurgences des conflits anciens au Rwanda restent toujours possibles. Deuxièmement, l'ouverture

---

[3] Pourtier R. 2011. Les enjeux miniers de la guerre au Kivu. In Giblin D. (sous la direction de). *Les conflits dans le monde. Approche géopolitique*. Armand Colin. Paris. p. 235.

démocratique du Rwanda - multipartisme, élection au suffrage universel, est une évolution qui engendre également des tensions latentes. Troisièmement, les relations avec les pays régionaux (République Démocratique du Congo) sont aussi une source de tension. Ces tensions internes et externes ont un rôle dans la restructuration post-génocide du pays. Ces conflits sont des conflits latents, dont une résurgence est toujours possible.

L'histoire du Rwanda a montré que des conflits beaucoup plus importants ont éclaté, jusqu'au génocide d'avril à juillet 1994. Lors de ce génocide, de 800 000 à 1 200 000 Rwandais ont été tués. Il s'agit du paroxysme de l'horreur, dont les seuls éléments géopolitiques ne peuvent suffire à tenter de comprendre ce qui s'est produit. L'histoire pluriséculaire du Rwanda a évidemment un rôle majeur. Avant l'arrivée des Européens, le Rwanda était constitué de multiples monarchies[4]. La colonisation lors de la fin du dix-neuvième siècle a modifié totalement les forces en présence. L'Allemagne a tout d'abord colonisé le Rwanda. Le comte Von Götzen est considéré comme l'un des premiers étrangers à entrer sur le territoire rwandais[5]. Après la Première Guerre mondiale et la chute de l'Allemagne, la Belgique obtient le mandat de la Société Des Nations pour le Territoire du Ruanda-Urundi, c'est-à-dire l'ensemble des deux pays actuels : le Rwanda et le Burundi. La colonisation se termine en 1962, lors de la proclamation de l'indépendance. Ce contexte historique est très complexe, la colonisation ayant ajouté à l'histoire propre du Rwanda une vision raciale. Cette vision est très simpliste et voit dans le Rwanda deux ethnies, ou plutôt

[4] Del Perugia P. 1993. *Les derniers rois mages*. Payot. Paris
[5] Chrétien J.-P., Kabanda M. 2013. *Rwanda, racisme et génocide. L'idéologie hamitique*. Belin. Paris. p. 69.

« races » étant le mot alors employé, qui s'affrontent pour le pouvoir, d'un côté les Hutu et de l'autre les Tutsi. Les descriptions physiques corroborent alors les positions sociales[6]. Cette vision simplificatrice a permis la gestion du pays par les colons durant de nombreuses décennies. Mais les conséquences dramatiques ne furent pas perçues suffisamment tôt. Comme le décrivent Jean-Pierre Chrétien et Marcel Kabanda, cette simplification a pris ses racines dès la fin du dix-neuvième siècle, c'est-à-dire dès le début de la colonisation. Ainsi, comprendre le génocide, accepter la reconnaissance du génocide, c'est aussi comprendre l'histoire du Rwanda qui englobe celle de l'Europe. Le génocide est aussi le produit d'une idéologie produite par l'Europe.

> Le référent de ce programme de mort, c'est la « race ». Face à des situations politiques difficiles, à une impasse sociale et à des héritages historiques complexes, il s'est trouvé des idéologues et des politiciens pour estimer que le moment était venu d'invoquer des « différences » héréditaires dites « ethniques » pour régler tous ces problèmes. Cette réduction, holiste et intemporelle, de la complexité sociale à une simple question d'appartenance à la naissance n'a été autre qu'une gigantesque simplification raciale[7].

L'indépendance du Rwanda en 1962 n'a pas permis d'apporter la paix dans ce pays. Les affrontements furent sanglants suite à l'indépendance jusqu'en 1963. En 1973, Juvénal Habyarimana prend le pouvoir par un coup d'état. Au début des années 1990, le Front patriotique rwandais entre dans le pays. S'ensuivent notamment les accords

---

[6] Poreau B. 2011. *Extension de la théorie de la reconnaissance. L'exemple du génocide rwandais*. L'Harmattan. Paris.

[7] Chrétien J.-P., Kabanda M. 2013. *Rwanda, racisme et génocide. L'idéologie hamitique*. Belin. Paris. p. 329-330.

d'Arusha jusqu'en 1993. Le 6 avril 1994, l'avion du président rwandais, Juvénal Habyarimana est abattu. Le génocide des Tutsi débute à cette date et dure jusqu'en juillet 1994. En quelques semaines, ce sont près d'un million de personnes (entre 800 000 et 1 200 000 selon les estimations) qui sont assassinées

> Le décryptage de la violence comme « système cohérent de signes » jette une lumière nouvelle sur les processus d'animalisation, lesquels ne s'épuisent pas dans la seule désignation des victimes sous les termes de « cafards » (*inyenzi*) ou de « serpents » (*inzoka*), bien repérée par les études consacrées à la propagande. Au cœur des pratiques, l'Autre a été perçu et abattu comme un animal[8].

Les questions fondamentales concernent l'être humain et ce déchaînement de violence, organisé en vue de détruire son prochain, son voisin. Si les circonstances d'extrême violence, de propagande, dans lesquelles le génocide s'est déroulé ne sont pas suffisantes pour comprendre les événements, le retour sur la situation historique est nécessaire. Cependant, les informations sont manquantes pour permettre aux chercheurs de donner des explications claires et précises sur le déroulement des faits, les tenants et les aboutissants. L'un des enjeux majeurs que nous voulons décrire est celui de reconnaissance du génocide.

Aujourd'hui, la reconnaissance du génocide est un concept clé pour permettre la prévention du génocide et la reconstruction du pays. Pour permettre cette reconnaissance du génocide, nous faisons l'hypothèse d'une absolue nécessité des libertés individuelles. Si les libertés individuelles sont absolument nécessaires, elles doivent également s'accorder avec l'État et les Institutions.

---

[8] Dumas H. 2014. *Le génocide au village. Le massacre des Tutsi au Rwanda*. Seuil. Paris. p. 29.

CHAPITRE II

L'État et les libertés individuelles au Rwanda

Le bouleversement engendré par le génocide de 1994 est absolument majeur pour le Rwanda, et est loin d'être terminé. Une génération après les massacres qui ont décimé près de 10 % de la population de l'époque, de nombreuses questions demeurent. Non seulement quant au déroulement des faits, non seulement quant à l'implication et à la responsabilité des différents acteurs présents et absents, mais aussi quant à la voie à trouver pour reconstruire le pays. Plus de vingt ans après le génocide, des enfants qui ont vu leur famille meurtrie ont aujourd'hui de nombreuses interrogations qui les hantent. Plus de vingt ans après le génocide, des enfants dont les parents ont été des génocidaires ont aujourd'hui un regard de honte qu'ils ne peuvent atténuer, un regard de mépris face à leurs proches impliqués dans le génocide. Pourtant, le Rwanda est une nation qui se veut unie pour avancer. Le Rwanda est un pays qui a aujourd'hui de nombreuses ressources pour devenir un leader régional en termes économiques, en termes sociaux, en termes de santé également. La fracture entre héritiers de victimes et héritiers de génocidaires peut-elle s'effacer aussi simplement ? Il est évident que non. Il est évident que cette fracture peut être un frein, sinon le frein majeur à cette union nationale et à la progression que le pays est en train de suivre. La possibilité d'une restructuration et d'une reconstruction du Rwanda passe par la reconnaissance du génocide. L'acceptation du mécanisme de transmission des faits ayant eu lieu au printemps 1994 n'est concevable que si la nouvelle génération actuelle, enfants de victimes et de génocidaires, a la volonté de transmettre les connaissances des faits qu'elle a pu obtenir à ce jour. Cette connaissance des faits a un rôle primordial dans la compréhension des conflits latents internes et externes, qu'elle passe par une lutte armée ou une lutte pacifique. La reconnaissance du génocide passe également par la justice, internationale (Tribunal Pénal International du Rwanda, TPIR) et nationale (Gacaca). Les mandats du TPIR et des Gacaca sont achevés. Cependant, les peines de prison des génocidaires sont toujours d'actualité. Par ailleurs, la recherche de génocidaires est toujours en cours, le génocide étant un crime contre l'Humanité, et de fait, imprescriptible.

Chaque Rwandais doit vivre avec le génocide de façon très pragmatique. Une génération après celle qui a vécu le génocide, la présence des événements est toujours très lourde.

En 2012, plusieurs commémorations ont eu lieu et montraient la volonté de reconstruction du Rwanda : les commémorations du génocide, qui ont lieu chaque année, les commémorations du cinquantenaire de l'indépendance du Rwanda, mais aussi la Réconciliation suite à la fin du mandat des Gacaca, tribunaux locaux ayant pour mission de juger des crimes ayant été commis en 1994. Le pays se reconstruit, en prenant en compte ce très lourd passé.

Cette reconstruction se traduit notamment par l'intervention de l'État. Et pour permettre cette reconstruction, l'État intervient également dans la reconnaissance du génocide.

La justice nationale par les Gacaca en est un exemple prégnant. Créés par une loi organique du 26 janvier 2001, ce sont des tribunaux locaux, institués dans différentes provinces du Rwanda qui permettent de juger les génocidaires. Il s'agit d'une justice essentiellement populaire, faite par le peuple pour le peuple. Le nombre d'accusés étant tellement important, une alternative à la justice internationale symbolisée par le Tribunal pénal international pour le Rwanda devait être mise en place pour accélérer les procédures et permettre la réconciliation. Ainsi, cette procédure de jugement, issue d'une justice traditionnelle (Gacaca signifiant « tribunal du gazon »), a un triple objectif : pragmatique en permettant plus de jugements, fondamental en tentant d'établir les faits de génocide et institutionnel pour permettre la réconciliation absolument nécessaire à l'avenir d'un pays divisé par les atrocités du génocide de 1994.

Reconnaissance du génocide et institution(s) sont étroitement liés. Nous désignons par institution un ensemble ou groupe de personnes hiérarchisé ayant un pouvoir, un poids politique, économique ou social permettant de modifier les actes individuels. L'État est pour nous un exemple d'institution. Les institutions sont nécessaires dans l'établissement de la reconnaissance du génocide. Ainsi au Rwanda, d'une part pour permettre la lutte contre le négationnisme, et d'autre part pour permettre la transmission de la mémoire, l'État a en effet beaucoup de moyens à sa disposition. Concernant le premier point, il peut utiliser la loi, et instaurer comme infraction le fait de nier le génocide. Concernant le second point, il peut le permettre par la réconciliation. En 2012, la réconciliation devint officielle. L'institution étatique déclare que le pays est réconcilié. Cela fait suite à la fin du mandat des Gacaca. La justice ayant été rendue, il est nécessaire d'avancer et de reconstruire le pays pleinement.

Il est évident que l'État doit avoir un rôle moteur dans de telles circonstances, même plus de vingt ans après le génocide. Cependant, il ne suffit pas de déclarer que l'on n'a plus mal pour que les plaies soient pansées. Si la justice des Gacaca eut un rôle majeur, il n'en reste pas moins que certains génocidaires, ou complices des massacres ont purgé leur peine et vivent actuellement avec des rescapés du génocide. Par ailleurs, des génocidaires sont toujours recherchés. En plus des reviviscences possibles du fait de la présence de génocidaires, le négationnisme existe aussi et vient s'ajouter à la lente et difficile reconstruction du pays.

Le concept clé reste ainsi la reconnaissance du génocide. Ne pas reconnaître le génocide ne peut par exemple permettre la réconciliation du pays. Pour autant, cette reconnaissance du génocide est-elle un acte institutionnel ? Est-ce que si l'État, exemple d'institution, déclare dans une loi, ou dans une constitution que le génocide rwandais a eu lieu entre avril et juillet 1994, cela permettra le processus perpétuel de l'interprétation des faits ? En effet, nous voyons que concernant la lutte contre le négationnisme, définition négative de la reconnaissance du génocide, l'État a des actions à mettre en place. Cependant, comment peut-il réellement contrôler le caractère perpétuel de la transmission des faits ayant eu lieu entre avril et juillet 1994 ? Le fait d'imposer, c'est-à-dire une prise de position forte institutionnelle, n'est-il pas un aveu de faiblesse quant à la méthode à employer ? La position institutionnelle est donc nécessaire à la reconnaissance du génocide mais n'est pas suffisante. Elle peut permettre d'établir certaines limites, à l'égard du négationnisme notamment, mais ne peut garantir la pérennité. Les Gacaca ont par exemple été institués par une loi organique en 2001, puis leur organisation a été précisée par des lois ultérieures. Mais ceux qui ont rendu justice, ce ne sont pas des institutions, ce sont des individus, avec leur vécu, avec leur vision, avec leur force et leur faiblesse qui ont rendu justice dans les multiples tribunaux locaux. En permettant la justice, ils ont contribué à la reconnaissance du génocide. En précisant les faits, les lieux des massacres, les victimes, les agissements et la complicité de chacun, ils ont contribué à permettre d'établir l'acte de génocide qui a eu lieu en 1994. Il s'agit bien de la décision d'hommes et de femmes en tant qu'individus, même s'ils agissent au sein d'une institution nommée Gacaca, et plus généralement, État. Celle-ci est nécessaire pour définir le cadre par la loi organique. L'acte de reconnaissance du génocide, car il s'agit bien d'un acte, est pris par un individu. En cela, les libertés individuelles sont fondamentales pour permettre ultérieurement la reconnaissance du génocide. Qu'en est-il du pouvoir en place au Rwanda et des libertés individuelles ? La question est celle du sujet brûlant de la démocratie au Rwanda. L'enjeu de la démocratie est celui de l'avenir du pays. Le processus démocratique a débuté au début des années 1990 avec le multipartisme[9]. La Constitution révisée du 10 juin 1991 l'autorise. Les accords d'Arusha établis entre 1992 et 1993 ont été conduits pour permettre le processus démocratique. Il n'en fut rien, le génocide de 1994 anéantit les espoirs de ces accords. Cependant, les textes sont réutilisés pour la reconstruction du pays et pour la transition politique jusqu'en 2003. L'article 6 des accords d'Arusha mentionne les principes fondamentaux de la démocratie dont notamment : la souveraineté du peuple, le gouvernement reposant sur le consentement du peuple exprimé à travers des élections régulières, libres, transparentes et justes, la

[9] Kalihangabo Mugemzi I. 2001. Le Rwanda dans le processus démocratique. *African Anthropologist*, 8(1), 60-67, p. 61.

séparation des pouvoirs, l'indépendance du pouvoir judiciaire, la garantie des droits fondamentaux suivant la Déclaration Universelle des Droits de l'Homme, la constitution qui organise les pouvoirs de l'État et définit les compétences et les limites des institutions de la République, le multipartisme, le pluralisme social et économique[10].

L'un des exemples du processus de démocratisation est l'élection du président de la République au suffrage universel. Cette première élection a lieu en 2003. Paul Kagamé est élu avec 95 % des voix. Le mandat de président de la République étant de sept ans, Paul Kagamé se représente en 2010 et est réélu avec 93 % des voix. La constitution est modifiée pour ne plus limiter le nombre de mandats à deux. Paul Kagamé semble vouloir poursuivre sa réélection au-delà de 2017[11]. La période dite de transition politique, c'est-à-dire la période post-génocide jusqu'en 2003, ne semble cependant pas aussi ouverte en terme d'accession au pouvoir de différents partis politiques[12]. Si l'un des objectifs est évidemment le refus de mettre au pouvoir des personnalités proches du précédent président, il n'en reste pas moins que les pressions sont fortes pour fermer le régime politiquement.

Nous voyons que la démocratisation au Rwanda est un processus en cours, qui est loin d'être terminé. Les liens entre État et libertés individuelles ne sont pas aussi avancés que dans les démocraties occidentales. Rappelons que la mise en place d'une démocratie demande du temps.

---

[10] Kalihangabo Mugemzi I. 2001. Le Rwanda dans le processus démocratique. *African Anthropologist*, 8(1), 60-67, p. 62.

[11] Bensimon C. Le 1er janvier 2016. Le président rwandais Paul Kagamé annonce sa candidature à un troisième mandat. Journal *Le Monde*.

[12] Reyntjens P. 2003. La « transition politique » au Rwanda. *L'annuaire des Grands lacs 2003-2004*. p. 19.

Rappelons aussi qu'elle apparaît nécessaire, justement pour garantir les libertés individuelles. L'État rwandais est un État fort, centralisé, par qui les décisions majeures sont prises. Le pays n'étant pas très grand, il est plus facile, d'un point de vue géopolitique, d'asseoir ce type de fonctionnement.

Ainsi, l'État a par exemple proclamé la réconciliation en 2012. Suite à la fin des Gacaca, les Rwandais, selon l'État, ne sont plus désunis, ne sont plus rancuniers. Cependant, les questions demeurent : comment vivre ensemble dans un espace pacifique ? Comment avancer sans rejuger les faits qui se sont produits durant le printemps 1994 ? Comment ne pas rechercher les bourreaux, pour les descendants de victimes et les victimes ? La justice a eu lieu, mais qu'en est-il du sentiment humain de pardon, nécessaire à la réconciliation ? Nous voyons que sur le plan humain, l'individu a un rôle primordial. Il est nécessaire de prendre en compte le sentiment de chaque Rwandais, séparément. Il en est exactement de même pour permettre la reconnaissance du génocide, c'est-à-dire le processus perpétuel de l'interprétation des faits. Ce processus peut être aidé par l'État, mais si seul l'État décrète la reconnaissance du génocide, qu'en est-il de chaque individu ? Le processus ne peut être garanti que si chaque individu s'engage dans le processus afin de le rendre perpétuel, c'est-à-dire de transmettre aux générations futures les preuves, témoignages, lieux historiques, compte-rendus de procès, qui montrent le génocide.

Ce que le schéma (figure 1) en introduction présente, c'est tout d'abord ce lien nécessaire entre État et libertés individuelles. L'État seul ne peut permettre la reconnaissance du génocide car il s'agit d'un processus individuel. Chaque individu, du simple fait d'être un être humain est nié par le génocide et s'engage naturellement dans le processus de transmission des faits. Or, décréter la reconnaissance ne peut garantir cet engagement. Il appartient à chacun. En revanche, l'État peut garantir les libertés individuelles et permettre le processus de reconnaissance du génocide. La réciproque est vraie, les libertés individuelles peuvent aussi garantir la légitimité de l'État. La flèche en pointillé de la figure 1 signifie que l'État ne peut directement garantir la reconnaissance du génocide sans les libertés individuelles. Inscrire la reconnaissance du génocide dans la Constitution n'est pas suffisant pour permettre le processus. La liberté est nécessaire pour aller plus loin. Cependant, quel paradigme pourrait nous permettre de comprendre les liens entre la liberté en général et le concept de reconnaissance du génocide que nous avons développé ? Nous proposons l'existentialisme développé par Jean-Paul Sartre (1905-1980). Nous allons traiter des liens nécessaires entre liberté et reconnaissance du génocide dans une approche philosophique du courant existentialiste de Sartre et nous allons expliquer pourquoi ce paradigme nous paraît idoine.

CHAPITRE III

La liberté et la reconnaissance du génocide

Nous avons évoqué les libertés individuelles, nous allons replacer ces libertés individuelles dans le concept plus général de liberté. La liberté est l'un des sujets philosophiques les plus passionnants et complexes traité par de nombreux auteurs. Axel Honneth dans la théorie de la reconnaissance qu'il développe, appliquée à la société, s'intéresse particulièrement à la liberté et aux liens avec une théorie de la justice.

> Depuis l'époque de Hobbes, la notion de liberté individuelle – sa teneur tout autant que sa structure logique – a été l'un des concepts les plus âprement discutés de la modernité ; dès le début, les confrontations autour de sa définition conceptuelle impliquèrent non pas simplement des philosophes, des juristes et des théoriciens de la société, mais aussi des activistes des mouvements sociaux qui cherchaient à articuler publiquement leurs expériences spécifiques de la discrimination, de la dégradation et de l'exclusion[13].

[13] Honneth A. 2015. *Le droit de la liberté. Esquisse d'une éthicité démocratique*. Gallimard. Paris. p. 38.

Le sujet pour Axel Honneth est de montrer la nécessité de cette liberté individuelle dans le cadre d'une théorie de la justice appliquée justement aux conflits sociaux, à l'exclusion sociale, à la discrimination. Il distingue ainsi trois types de modèles philosophiques de liberté : une liberté dite négative, une liberté réflexive et une liberté sociale[14]. Ces trois types de liberté sont nécessaires pour permettre une théorie de la justice prenant en compte notamment les conflits sociaux tels qu'ils sont vécus actuellement dans les pays occidentaux. Cependant, nous l'avons déjà signifié, le génocide est un cadre à part entière. En effet, si l'on considère le seul cadre de la justice, on note que le crime de génocide est à part. Le développement historique de la notion juridique doit être pris en compte pour évoquer le paradigme philosophique. Ainsi, si d'un point de vue juridique le génocide est traité différemment d'autres crimes contre l'humanité par exemple, ne doit-il pas en être de même sur le plan philosophique ? C'est cette démarche que nous suivons. Le cadre philosophique posé par Axel Honneth est très utile mais dans un contexte spécifique. Dans le cas du génocide, le paradigme de la liberté nommée négative semble en effet convenir. Rappelant l'origine de cette définition, l'absence d'opposition, en citant Hobbes, Axel Honneth montre le chemin parcouru depuis celle-ci jusqu'à la définition, toujours négative, c'est-à-dire définie par une négation, de Sartre dans sa théorie existentialiste.

> Si nous considérons que le noyau d'une telle conception négative réside non pas dans l'idée que seules des entraves externes peuvent faire obstacle au libre agir, mais dans l'idée selon laquelle le type d'objectifs que nous choisissons ne répond en rien

[14] Honneth A. 2015. *Le droit de la liberté. Esquisse d'une éthicité démocratique*. Gallimard. Paris. p. 39.

> à la question de savoir si nous sommes véritablement libres, alors la conception sartrienne montre avec tout autant d'évidence que la conception hobbesienne la même tendance à l'élimination de toute réflexivité : à l'instar de Hobbes, Sartre suppose également un découplage entre l'acte de délibération et le concept de liberté individuelle, mais il conçoit ce découplage comme un impératif existentiel, alors que Hobbes le considère comme un fait normatif[15].

Nous allons reprendre la conception de la liberté de Sartre, notamment à travers son ouvrage de 1943. Sa définition est effectivement, comme l'écrit Axel Honneth, une définition négative dans le sens où Sartre mentionne ce que n'est pas la liberté. Mais nous allons voir qu'au fond, il donne plus que cette définition négative, puisqu'il évoque la liberté comme l'être.

Ce paradigme philosophique est idoine dans l'étude de la reconnaissance du génocide. En effet, nous avons émis l'hypothèse de la nécessité de la liberté individuelle pour permettre la reconnaissance du génocide. En effet, la proclamation de la reconnaissance du génocide, par exemple par l'État, n'est pas suffisante. Il est nécessaire que tout un chacun s'implique dans le processus perpétuel de l'interprétation des faits, c'est-à-dire la reconnaissance du génocide. Pour cela, la problématique n'est plus celle d'une reconnaissance étatique ou institutionnelle mais d'une reconnaissance par chacun. Chaque être doit alors se poser la question du génocide, de toutes les interrogations autour de ce sujet. La question se rapporte à chaque individu. Or, pour permettre la réflexivité à chaque individu d'un sujet portant sur l'humanité dans sa globalité,

---

[15] Honneth A. 2015. *Le droit de la liberté. Esquisse d'une éthicité démocratique*. Gallimard. Paris. p. 45.

le paradigme philosophique de liberté ne doit pas être aussi restrictif que celui qui est impliqué dans le cadre de théorie de la justice comme celui qu'étudie Axel Honneth. Cette différence fondamentale engendre un paradigme différent. Or, Sartre a peut-être évoqué le paradigme nécessaire à la reconnaissance du génocide. En effet, si on rappelle le contexte, cette philosophie existentialiste est développée dans les années 1930 et prend son essor durant la Seconde Guerre mondiale.

Jean-Paul Sartre est né en 1905. Il va effectuer des études de philosophie, après l'obtention du concours, à l'École Normale Supérieure de la rue d'Ulm à Paris. Puis il réussit le concours de l'agrégation lors de sa deuxième tentative. Il est affecté en lycée, dans la ville du Havre. Il s'agit d'un parcours classique pour un professeur enseignant la philosophie dans les années 1930. En parallèle de son enseignement en philosophie et de ses travaux d'écriture, Sartre est engagé en politique. Il est clairement à gauche. Mais la Seconde Guerre mondiale modifie son engagement. Les personnes qu'il rencontre, plus qu'un véritable choix politique, en sont la raison principale. Ainsi, grâce à ses écrits et son engagement, Sartre devient un « intellectuel » : quelqu'un qui s'occupe de ce qui ne le regarde pas, comme il le définira lui-même. C'est ce que mentionne Jean-Pierre Karageye :

> La notion d'écrivain engagé chez Sartre rappelle l'importance de réaliser l'unité existentielle du moi, à la fois citoyen et écrivain, en abordant des questions sociales dans les textes littéraires. L'écriture de Sartre est non seulement objet d'art, mais aussi témoignage de la condition humaine. Sartre arrive à concilier les exigences esthétiques avec les horizons d'attente de la société. La Deuxième Guerre mondiale, l'occupation allemande, la lutte marxiste et le racisme, entre

autres, donnent à penser le drame de l'humanité en termes de responsabilité chez Sartre. L'écrivain parle non seulement en tant que « prisonnier » de guerre ou anti-collaborateur, mais aussi comme intellectuel qui s'interroge sur le rôle et la place de l'écriture perçue comme action. Sartre envisage une littérature qui défend un idéal et prend position. L'écrivain en situation ne s'enferme pas dans un travail esthétique sur le langage qui n'aborde pas de façon palpable les questions sociopolitiques du moment. L'engagement de l'écrivain est lié au rôle donné à la littérature par le philosophe existentialiste[16].

Il acquiert grâce à cette position une formidable notoriété. Cette notoriété débute avant la Seconde Guerre mondiale et se poursuit jusqu'à sa mort, en 1980. Mais sa notoriété ne l'empêche pas de garder son indépendance, sa liberté, fidèle à la philosophie qu'il propose. C'est la raison principale pour laquelle il refuse par exemple le prix Nobel de littérature. Cette indépendance, cette liberté, il la revendique très tôt, dès l'écriture de son livre *La nausée.* C'est en effet grâce à cet ouvrage que Sartre va acquérir dès 1938 sa notoriété. La vision d'Antoine Roquentin fait écho à sa propre vie. Il met en place la théorie existentialiste qu'il va développer par la suite. Nous explicitons cette théorie dans la figure suivante (figure 2).

---

[16] Karageye J.-P. 2009. Rwanda : littérature post-génocide, écritures itinérantes : témoignage ou engagement ? *Protée.* 37(2):21-32. p. 21-22.

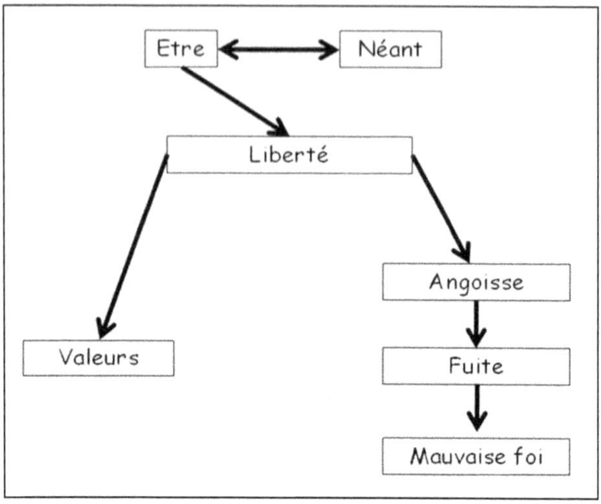

Figure 2 : Schéma de l'existentialisme de Sartre, liens entre l'être, la liberté, et les deux voies qui se dessinent. La première amène aux valeurs, la seconde à l'angoisse, la fuite devant cette angoisse et la mauvaise foi.

Elle prend corps dans son ouvrage de 1943, *L'Être et le Néant*. Sartre définit l'Être par rapport au non-être, le Néant. L'être est en fait liberté par essence. De cette liberté, l'être atteint des valeurs. Mais d'un autre côté, lorsque l'être prend conscience qu'il doit être libre, qu'il ne peut pas ne pas être libre, il ressent alors un sentiment d'angoisse. C'est ce que Sartre décrit en 1938 dans son roman dont le personnage principal ressent cette angoisse existentielle. Ce sentiment d'angoisse peut alors entraîner une réaction de fuite et pour fuir, l'être utilise la mauvaise foi (figure 2).

Ce que Sartre évoque tout d'abord, c'est le lien entre la liberté et l'être, on ne peut pas dissocier les deux.

> La liberté humaine précède l'essence de l'homme et la rend possible, l'essence de l'être humain est en suspens dans sa liberté. Ce que nous appelons

> liberté est donc impossible à distinguer de l'*être* de la réalité-humaine. L'homme n'est point *d'abord* pour être libre *ensuite*, mais il n'y a pas de différence entre l'être de l'homme et son « *être-libre* »[17].

Ainsi, comme il le dit dans ce même ouvrage, l'homme est condamné à la liberté. Il reprend ce concept dans un court ouvrage publié en 1946 et issu d'une conférence de 1945 intitulé *L'existentialisme est un humanisme*. Cette approche philosophique, au lendemain de la Shoah ayant fait plusieurs millions de tués, reçoit un écho très favorable, surtout de la jeunesse.

Ainsi, la liberté émane de l'être, l'être ne peut refuser sa liberté. Grâce à cette liberté, Sartre mentionne la valeur qu'il peut atteindre.

> La valeur est par-delà l'être. Pourtant, si nous ne nous payons pas de mots, il faut reconnaître que cet être qui est par-delà l'être possède au moins l'être en quelque façon. Ces considérations suffisent à nous faire admettre que la réalité-humaine est ce par quoi la valeur arrive dans le monde. Or, la valeur a pour sens d'être ce vers quoi un être dépasse son être : tout acte valorisé est arrachement à son être vers... La valeur étant toujours et partout le par-delà de tous les dépassements, peut être considérée comme l'unité inconditionnée de tous les dépassements de l'être[18].

Cependant, pour atteindre cette valeur l'être doit agir. La philosophie existentialiste de Sartre est donc avant tout

---

[17] Sartre J-P. [1943] 2014. *L'Être et le Néant.* Gallimard. Paris. p. 59-60.

[18] Sartre J-P. [1943] 2014. *L'Être et le Néant.* Gallimard. Paris. p. 129.

une philosophie de l'agir. Les actes deviennent ainsi l'expression de la liberté, c'est-à-dire l'expression de l'être lui-même : « C'est l'acte qui décide de ses fins et de ses mobiles, et l'acte est l'expression de la liberté [19]». Et Sartre poursuit :

> Je suis, en effet, un existant qui *apprend* sa liberté par ses actes ; mais je suis aussi un existant dont l'existence individuelle et unique se temporalise comme liberté. Comme tel je suis nécessairement conscience (de) liberté, puisque rien n'existe dans la conscience sinon comme conscience non-thétique d'exister. Ainsi ma liberté est perpétuellement en question dans mon être ; elle n'est pas une qualité surajoutée ou une propriété de ma nature ; elle est très exactement l'étoffe de mon être ; et comme mon être est en question dans mon être, je dois nécessairement posséder une certaine compréhension de la liberté[20].

Mais au fond, l'acte qui est l'expression de l'être et de sa liberté impose alors nécessairement à l'être une grande responsabilité. En fait, tout acte étant une émanation de l'être, lui est alors imputable. L'acte devient la responsabilité. Cette responsabilité peut ainsi donner un sens à l'être et à sa liberté : « Ainsi l'acte fondamental de liberté est trouvé ; et c'est lui qui donne son sens à l'action particulière que je puis être amené à considérer : cet acte constamment renouvelé ne se distingue pas de mon être : il est choix de moi-même dans le monde et du même coup découverte du monde [21] ». Mais ce sens n'est pas obligatoire. Il se peut ainsi que par l'acte commis et la responsabilité engagée, l'être ne trouve cependant pas de

---

[19] Sartre J-P. [1943] 2014. *L'Être et le Néant.* Gallimard. Paris. p. 482.
[20] Sartre J-P. [1943] 2014. *L'Être et le Néant.* Gallimard. Paris. p. 483.
[21] Sartre J-P. [1943] 2014. *L'Être et le Néant.* Gallimard. Paris. p. 506.

sens à son acte, autre que sa propre liberté. C'est de ce paradoxe apparent que naît le sentiment d'angoisse. La fuite est alors une réaction de défense face à cette angoisse, face à cette responsabilité permanente et immanente. Cette fuite mène ainsi à ce que Sartre nomme la mauvaise foi, l'exemple qu'il donne est notamment celui du garçon de café. Le garçon de café joue le rôle de garçon de café. Il fuit devant l'angoisse existentielle en endossant un costume et en adoptant un maniérisme.

Jean-Paul Sartre est un philosophe qui pose la question de la liberté et de l'être et de la nécessité de l'expression de l'être par l'acte et la responsabilité qui en découle. Le contexte historique d'établissement de cette philosophie de la liberté est un contexte extrême au sein duquel l'humanité a été remise en question, au sein duquel l'humanité a même été niée. En adoptant son raisonnement, Sartre, même s'il reprend les philosophies antérieures, y apporte une singularité. Il applique la liberté à l'individu. Quand Sartre parle de l'être, il parle d'un être, il parle de tout un chacun. Toute personne peut alors se reconnaître dans sa philosophie. C'est ce que mentionne Iris Murdoch, une philosophe anglo-saxonne contemporaine de Sartre, dans les années 1950.

> Il y a quelque chose, en revanche, que nul ne comprend mieux que Sartre, il y a une réalité qu'il a constamment sous les yeux et qu'il caractérise plus brillamment et profondément que quiconque dans *L'Être et le Néant*, c'est la psychologie de l'individu isolé. C'est une réalité derrière laquelle il n'y a rien à chercher, ni structure immuable d'un dessein divin, ni cosmologie newtonienne, ni dialectique du travail et de la lutte. L'univers, dans *L'Être et le Néant*, est solipsiste[22].

[22] Murdoch I. [1953] 2014. *Sartre. Un rationaliste romantique.* Payot. Paris. p. 161.

La philosophie de Sartre est une philosophie de l'agir appliquée à l'individu. Elle est une philosophie de la liberté appliquée à l'être. Elle émane d'un contexte historique tout à fait singulier. Ce paradigme philosophique peut tout à fait s'appliquer au cas qui nous intéresse. En effet, nous pouvons présenter la nécessité de la liberté pour permettre la reconnaissance du génocide, avec une vision existentialiste telle que Sartre l'a définie. Tout d'abord, rappelons que le contexte est tout aussi difficile que celui au sein duquel le philosophe français exprime sa théorie. Ensuite, ce contexte singulier est lié à l'humanité. Le génocide touche tout un chacun. Le génocide est la négation de l'humanité. Le génocide est la négation de tout être pris individuellement. Plus qu'une idéologie, il s'agit bien de la volonté de destruction de tous les êtres pris un à un. En cela, il est négation de l'être. Par négation, nous entendons volonté de destruction, d'annihilation de l'être, de tout être. La reconnaissance du génocide, concept à part entière tel que nous le définissons, est le processus perpétuel de l'interprétation des faits. C'est-à-dire transmettre par les générations actuelles, contemporaines du génocide, toutes les preuves du génocide aux générations futures. Le but est de permettre aux générations futures de rétablir le contexte dans lequel le génocide a eu lieu avec le plus de véracité possible. Cependant, chaque indice, chaque preuve peut évoluer, il peut y en avoir plus ou moins par rapport à notre génération, ce qui entraîne potentiellement une interprétation différente du contexte dans lequel le génocide a eu lieu, selon les générations. Par exemple, notre génération a la possibilité d'écouter les victimes du génocide qui a eu lieu en 1994. Les témoignages, comme ceux issus des Gacaca, sont encore vivaces. Mais qu'en sera-t-il dans cinquante ans ? Comment les générations futures pourront-elles comprendre le contexte du génocide, le déroulement du génocide et les conséquences innombrables qui en ont découlé ? C'est ce que nous appelons le travail de reconnaissance du génocide. Il ne s'agit pas simplement d'admettre que le génocide a eu lieu, il s'agit d'aller plus loin, il s'agit de transmettre aux générations futures les éléments qui leur permettront également de l'admettre, sans doute, sans que cela ne soit remis en cause par le négationnisme. L'enjeu est de taille. Il est celui de la reconstruction du pays, et de la région des Grands Lacs. Mais il est aussi celui de la prévention du génocide.

Or pour permettre à tout un chacun de transmettre tous les éléments aux générations futures, la liberté et plus particulièrement les libertés individuelles sont nécessaires. Si un État passait outre les libertés individuelles et prenait en charge à lui seul la reconnaissance du génocide, cela signifie qu'il lui incombe de transmettre aux générations futures toutes les preuves par exemple, dont tous les témoignages qui peuvent être récoltés. Comment cela est-il réellement possible ? Comment l'État pourrait-il garantir l'exhaustivité de ce qu'il doit transmettre s'il en prend la responsabilité à lui seul ? Cela est tout simplement infaisable. Pour permettre l'exhaustivité, il faut que tout un chacun soit impliqué. Or, cela signifie que tout être, car le génocide touche tout être, est en mesure de transmettre ce qu'il connaît. Cela signifie que tout être a cette liberté de transmettre ce qu'il connaît. Cette liberté est intrinsèque à l'être dans le paradigme philosophique qui nous importe. En effet, comme nous considérons que le génocide est négation de tout être, cela signifie à l'inverse que tout être se doit de reconnaître le génocide dans la définition que nous avons donnée.

En effet, ne pas reconnaître le génocide, nier l'impératif de reconnaissance du génocide, c'est donc nier l'humanité.

La reconnaissance du génocide est un impératif intrinsèque à l'être.

Si nous acceptons le paradigme philosophique développé par Sartre, tel que nous l'avons décrit précédemment, la liberté est donc part entière de l'être lui-même. Il en est de même du concept de reconnaissance du génocide. Dans ce cadre philosophique, la liberté est le moyen qui permet d'accomplir l'impératif de reconnaissance du génocide. La définition que nous donnons du concept *processus perpétuel de l'interprétation des faits* revêt un caractère pratique de l'accomplissement de l'impératif réalisé par la liberté de l'être. Ainsi, quels sont les liens entre liberté et reconnaissance du génocide dans le paradigme de la philosophie existentialiste développée par Sartre ?

Il y a tout d'abord un lien direct, qui est l'être. Face à cet être, il y a le négationnisme, qui refuse l'existence même. Le négationnisme est paradoxal, puisqu'il nie ce qu'il est. Seul un être peut en effet nier. Or, il nie sa propre existence, puisqu'en niant le génocide, il nie tout être, toute l'humanité. Dans la philosophie existentialiste, l'être est intrinsèquement porteur de liberté, de sa liberté. Ainsi, il ne peut pas, par exemple, ne pas choisir. L'absence de choix est un choix intrinsèque à la liberté, elle-même inhérente à l'être. Le négationnisme est donc nécessairement un choix, puisque l'être est libre, il fait donc le choix du négationnisme. Or, nous considérons également la reconnaissance du génocide comme intrinsèque à l'être. Nous l'avons défini tel un impératif. Comment le choix du négationnisme est-il donc possible ? Il ne l'est pas. Il est le détournement de l'impératif propre de l'être. La reconnaissance du génocide est alors un impératif face au choix de l'être. L'être fait le choix d'être. Pour cela, il accepte l'impératif de reconnaissance du génocide. Si l'être ne fait pas le choix d'être, le négationnisme apparaît.

Selon le schéma présenté (figure 2) de l'existentialisme, il existe une voie qui est celle de la fuite devant l'angoisse que pose la liberté. Le négationnisme n'est pas cette voie. Le négationnisme n'est pas une fuite devant la responsabilité du choix d'être. Il est bien un choix conscient, celui de nier l'être. Face à ce choix conscient du refus de l'impératif d'être, l'acceptation de cet impératif nécessite ainsi une méthode rigoureuse.

C'est pour cela que nous définissons la reconnaissance du génocide comme *processus perpétuel de l'interprétation des faits*. Il ne s'agit donc pas de nier le génocide en interprétant les faits, il s'agit de permettre aux générations futures d'avoir accès au maximum de données possibles pour permettre de comprendre, peut-être mieux que notre génération, ce qui s'est passé. Tous les témoignages deviennent alors essentiels et doivent pouvoir être transmis. Tel est le cas des témoignages des rescapés, des témoignages recueillis par toute personne extérieure comme l'ont fait des écrivains.

> Poser les pieds et les yeux sur cette terre de recueillement et de mémoire. Entendre et écouter le Rwanda avec nos propres oreilles, voir le Rwanda avec nos propres yeux... Malgré la douleur profonde, des enfants, des femmes et des hommes, rescapés du génocide ou non, nous ont ouvert la porte de leur mémoire. Ils ont raconté pour nos oreilles et nos yeux cette mémoire tragique. Poser un acte de mémoire après ce que nous avons entendu, écouté et vu. Quelle responsabilité ! Comment représenter cette mémoire le plus rapidement possible ? Nous y avons répondu sans prétention par la littérature, le théâtre, la danse et le cinéma[23].

---

[23] Djedanoum. N. 2000. *Rwanda. Kigali-Butare. Écrire par devoir de mémoire*. Lille. Arts et Médias d'Afrique. p. 7.

Les témoignages des rescapés du génocide sont également des éléments très précieux que ce soit avant, pendant et après le génocide.

> Ma vie avant le génocide, c'est un peu comme *une vie antérieure*. Il n'y avait plus dans ma tête que le génocide. J'oubliais tout sauf le génocide. Mes souvenirs étaient en morceaux, que je ne parvenais pas à rassembler. Lorsque j'ai pu raconter mon cauchemar, la vie d'avant est revenue. Et maintenant, j'ai tout le temps besoin de parler du génocide. Je n'ai pas pleuré pendant les six premiers mois. Puis j'ai constaté qu'il m'arrivait de pleurer pendant mon sommeil. Maintenant, j'arrive à pleurer normalement, comme tout le monde[24].

La reconnaissance du génocide n'est donc pas uniquement un concept au sein d'un paradigme philosophique existentialiste, ce n'est pas non plus uniquement un impératif de chaque être, c'est aussi une démarche pratique pour permettre de rendre perpétuel le processus que nous avons décrit. Fort de l'ensemble de ces éléments, la reconnaissance du génocide est ainsi un concept, un impératif et une démarche qui va permettre la reconstruction d'une part (sans la reconnaissance du génocide, la reconstruction du pays n'est pas efficace), et la prévention du génocide d'autre part (en assurant le caractère perpétuel du processus de connaissance des faits, il s'ensuit un état de veille des zones à risque de génocide et donc, une prévention possible). Nous allons tout d'abord étudier les liens entre la reconnaissance du génocide et la reconstruction du Rwanda.

---

[24] Mukagasana Y. 1997. *La mort ne veut pas de moi.* Editions Fixot. Paris. p. 258.

CHAPITRE IV

La reconnaissance du génocide : la reconstruction possible

Nous avions pu observer en 2012 des mesures exprimant un engagement fort pour permettre de faire avancer le pays, sans pour autant oublier les faits de 1994.

La politique actuelle ne peut en effet se fonder sur une négation du génocide car elle émane simplement de 1994. Que peut-on observer de positif ? Que peut-on observer également de négatif ? Les critères sont ceux d'engagements permettant de renouer le lien social, de ne pas diviser la population rwandaise. Ce sont également des critères du niveau de vie atteint, permettant de comparer l'évolution globale du pays au sein de son environnement régional, les autres pays des Grands Lacs.

Bien sûr, et c'est un sujet que nous avons développé précédemment, le régime politique est un enjeu primordial, puisqu'il détermine le positionnement du pays dans son contexte local et international, et présage aussi de l'avenir qui peut être le sien.

Nous allons étudier l'exemple de la santé. En effet, la santé est un indicateur révélateur de la population, à travers, par exemple, l'évolution de l'espérance de vie, les différentes pathologies de la population et les prises en charge de ces pathologies, la réalisation de structures permettant d'accueillir les patients, les financements de la politique de santé et les partenariats pour élargir ces financements. Nous allons tout d'abord présenter l'état actuel de la situation (durant les années 2010, soit plus de quinze ans après le génocide). Puis nous aborderons les domaines encourageants liés à une reconstruction possible du Rwanda. Enfin, nous mettrons en avant le rôle nécessaire et indispensable de la reconnaissance du génocide dans le cadre de cette reconstruction possible.

Afin de rendre compte de la situation actuelle, nous allons revenir sur les Objectifs du millénaire pour le développement (OMD). Au début des années 2000, soit 6 ans après le génocide et lors de la période de structuration politique du Rwanda, l'Organisation des Nations Unies a établi ce qu'elle a nommé les Objectifs du millénaire pour le développement. Huit objectifs ont été définis : éliminer l'extrême pauvreté et la faim ; assurer l'éducation primaire pour tous ; promouvoir l'égalité des sexes et l'autonomisation des femmes ; réduire la mortalité des enfants de moins de cinq ans ; améliorer la santé maternelle ; combattre le VIH/SIDA et d'autres maladies ; assurer un environnement durable et mettre en place un partenariat mondial pour le développement. Ces huit objectifs ont permis le développement de différentes politiques à l'échelle loco-régionale, comme la région des Grands Lacs, dont fait partie le Rwanda. Trois objectifs concernent directement la santé : réduire la mortalité des enfants de moins de cinq ans ; améliorer la santé maternelle ; combattre le VIH/SIDA et d'autres maladies. Ces objectifs ont notamment été traduits en terme de stratégies de réduction de la pauvreté et de développement économique (phases I et II). Quels sont les résultats concernant les trois objectifs directement liés à la santé ? Le rapport de 2014 montre une nette progression de la diminution de la mortalité des enfants de moins de cinq passant de 152 pour

1000 en 2005/2006 à 76/1000 en 2010/2011[25]. Concernant l'amélioration de la santé maternelle, l'objectif est également bien suivi par le Rwanda avec par exemple un taux de mortalité maternelle (comme les hémorragies de la délivrance) pour 100 000 naissances en diminution, passant de 750 en 2005/2006 à 476 en 2010/2011[26]. Enfin, concernant l'objectif « combattre le VIH/SIDA et d'autres maladies », la prévalence est stable entre 2005/2006 et 2010/2011 pour le VIH/SIDA. L'incidence décroît pour la malaria[27]. Les avancées sont donc certaines dans le domaine de la santé durant les années 2000 à 2015. La restructuration de la politique de santé s'est accompagnée d'une accélération du niveau de recherches dans le domaine[28]. Si l'on prend en compte l'ensemble des publications effectuées dans le domaine de la santé publique au Rwanda, 72% de celles-ci ont été réalisées après 2007. La plupart des financements de ces travaux sont extérieurs au Rwanda, ce sont notamment des financements américains. Les pays qui ont collaboré dans les études médico-scientifiques sur la santé publique au Rwanda sont les États-Unis et la Belgique, mais également la Suisse et les Pays-Bas[29]. Les thématiques abordées sont directement liées aux objectifs du millénaire pour le

---

[25] UNDP. 2014. *Millenium developmental goals – Rwanda – final progress report : 2013*. UN. p. 14.
[26] UNDP. 2014. *Millenium developmental goals – Rwanda – final progress report : 2013*. UN. p. 15.
[27] UNDP. 2014. *Millenium developmental goals – Rwanda – final progress report : 2013*. UN. p. 67-68.
[28] Poreau, B. 2014. Mapping Rwanda public health research (1975-2014). *African Health Sciences*. 14(4):1078-84.
[29] Poreau, B. 2014. Mapping Rwanda public health research (1975-2014). *African Health Sciences*. 14(4):1078-84, p. 82-83.

développement : santé maternelle et infantile, VIH/SIDA[30] et malaria[31]. Une thématique supplémentaire qui ressort de l'analyse de la bibliographie scientifique et médicale concerne les programmes de santé dans les zones rurales du Rwanda[32]. L'une des thématiques que nous pensions très représentative n'est, en fait, que peu présente. Il s'agit de l'aspect psychologique et psychiatrique post-génocide. Cette thématique est bien présente[33], mais n'est pas du tout dominante dans l'analyse bibliographique menée et apparaît tardivement, c'est-à-dire à la fin des années 2000 et au début des années 2010. Si l'on compare cette thématique (psychiatrie) au Rwanda et dans les pays

---

[30] Binagwaho A, Mugwaneza P, Irakoze A, et al. 2012. Scaling up early infant diagnosis of HIV in Rwanda, 2008–2010. *Journal of Public Health Policy*.1–15.
Han CH, Ssewamala FM, Wang J. 2013. Family economic empowerment and mental health among AIDS-affected children living in AIDS-impacted communities: evidence from a randomised evaluation in southwerstern Uganda. *J Epidemiol Community Health*. 67:225–230.

[31] Otten M, Aregawi M, Were W, et al. 2009. Initial evidence of reduction of malaria cases and deaths in Rwanda and Ethiopia due to rapid scale-up of malaria prevention and treatment. *Malaria Journal*. 8.
Ruxin J, Negin J. 2012. Removing the neglect from neglected tropical diseases: Rwandan experience (2008–2010) *Global public health*.7:812–822.

[32] Meessen B, Kashala JPI, Musango L. 2007. Output-based payment to boost staff productivity in public health centres: contracting in Kabutare district, Rwanda. *Bulletin of the World Health Organization*. 85:198–115.
Meessen B, Kashala JPI, Musango L, Lemlin J. 2006. Reviewing institutions of rural health centres: The performance initiative in Butare, Rwanda. *Tropical medicine and international health*. 11:1303–1317.

[33] Munyandamutsa N, Nkubamugisha P, Gex-Fabry M, Eytan A. 2012. Mental and physical health in Rwanda 14 years after the genocide. *Soc Psychiatry Psychiatr Epidemiol*. 47:1753–1761.

voisins comme l'Ouganda[34], celle-ci est en effet moins développée au Rwanda[35]. Ainsi les objectifs du millénaire pour le développement ont été une ligne directrice pour l'amélioration de la santé au Rwanda durant la période post-génocide 2000-2015. Cette situation actuelle étant posée, il nous faut entrer un peu plus dans les détails pour décrire les domaines liés à la reconstruction du Rwanda, toujours concernant l'exemple de la santé.

Les résultats du Rwanda dans le domaine de la santé sont donc encourageants[36]. Ils sont un exemple de la reconstruction du pays post-génocide. Les aides internationales substantielles fournies durant les années 2000 ont permis des avancées spectaculaires. Le financement dans le domaine de la santé est important : il représente par exemple 11% du produit intérieur brut en 2011[37]. Les principaux financements extérieurs proviennent de l'US President's Emergency Plan for AIDS Relief et du Global Fund. Suite aux aides financières, les programmes se sont mis en place, notamment pour permettre d'effectuer le diagnostic de VIH/SIDA, d'une part, et d'autre part de permettre l'accès aux traitements au plus grand nombre. Non seulement les grandes villes, comme la capitale Kigali, ont bénéficié de cette avancée thérapeutique, mais

---

[34] Okello J, Nakimuli-Mpungu E, Musisi S, Broekaert E, Derluyn I. 2014. The association between mental health symptoms among school-going adolescents in Northern Uganda: the moderating role of war-related trauma. *Plos One*. 9:e88494.

[35] Poreau, B. 2014. Mapping Rwanda public health research (1975-2014). *African Health Sciences*. 14(4):1078-84.

[36] Verguet S, Frithjof Norheim O, Olson Z, Yamey G, Jamison D. 2014. Annual rates of decline in child, maternal, HIV, and tuberculosis mortality across 109 countries of low and middle income from 1990 to 2013: an assessment of the feasibility of post-2015 goals. *Lancet Global Health*. 2:e698-709.

[37] Binagwaho A., Farmer P., Nsanzimana S. et al.2014. Rwanda 20 years on : investing in life. *The Lancet*. 383:1-5. p. 3.

la couverture a été étendue à l'ensemble des zones rurales. Les politiques de santé publique ne sont pas focalisées sur les grandes zones urbaines, mais ont pris en compte l'ensemble du pays. Cette couverture optimale par les programmes de santé publique a été un atout majeur en vue d'atteindre l'objectif de limiter la diffusion du VIH au sein de la population rwandaise. Ces efforts ont permis à 50 000 patients d'avoir une thérapie anti-rétrovirale en 2007 et 114 600 en 2012[38]. La politique de santé de lutte contre le VIH s'accompagne également de campagnes de prévention comme le port de préservatif, dont le taux a fortement augmenté durant la période 2000-2010[39]. Les infrastructures mises en place, notamment dans les zones rurales, afin de lutter contre le VIH, ont permis également d'étendre l'objectif initial en vaccinant les enfants contre les pathologies induisant une mortalité importante. Le résultat est la couverture de 97 % des enfants contre dix pathologies mortelles : la diphtérie, le tétanos, la coqueluche, l'hépatite B, la poliomyélite, la rougeole, la rubéole, le pneumocoque, le rotavirus et *hemophilus influenzae* B. De plus, les adolescentes ont été vaccinées contre le papillomavirus (facteur de risque de cancer du col de l'utérus)[40]. Les politiques de santé publiques ont donc englobé plusieurs objectifs du millénaire pour le développement. En plus de l'impact positif sur la santé, le développement des infrastructures, qui se poursuit actuellement, a été et est source d'emplois dans les zones urbaines mais également rurales, puisque nous avons vu que les programmes de santé concernent tout le pays. Au

[38] Binagwaho A., Farmer P., Nsanzimana S. et al. 2014. Rwanda 20 years on : investing in life. *The Lancet*. 383:1-5. p. 3.
[39] UNDP. 2014. *Millenium developmental goals – Rwanda – final progress report : 2013*. UN.
[40] Binagwaho A., Farmer P., Nsanzimana S. et al. 2014. Rwanda 20 years on : investing in life. *The Lancet*. 383:1-5. p. 3.

total, guidé par les Objectifs du millénaire pour le développement (OMD), le Rwanda a mis en place une reconstruction globale qui passe notamment par la santé dont les enjeux sont primordiaux pour l'avenir du pays. Les efforts effectués depuis le génocide sont donc payants et permettent la reconstruction du pays. Les OMD et les financements associés ont pris fin en 2015. Cependant, de nouveaux programmes sont en cours comme le mentionne Ban Ki Moon, le Secrétaire général des Nations Unies. En effet, les résultats obtenus suite à ce programme international de l'Organisation des Nations Unies a permis à de nombreux pays d'évoluer favorablement, dont le Rwanda.

> Le programme de développement pour l'après-2015, comprenant notamment l'ensemble des objectifs de développement durable, s'efforce de refléter ces leçons, de construire sur nos succès et d'engager fermement tous les pays sur la voie d'un monde plus prospère, durable et équitable. En nous interrogeant sur les OMD et les perspectives des quinze prochaines années, il ne fait aucun doute que nous pouvons nous montrer à la hauteur de notre responsabilité de mettre un terme à la pauvreté, de ne laisser personne de côté et de créer un monde respectueux de la dignité de tous[41].

Les OMD sont suivis depuis le 1er janvier 2016 par 17 objectifs de développement durable, prenant en compte l'éradication de la pauvreté, mais également l'environnement (voir Annexe 1 : objectifs du développement durable) et la santé : *Objectif 3. Permettre à tous de vivre en bonne santé et promouvoir le bien-être de tous à tout âge*. Les efforts à l'échelle internationale seront donc poursuivis, le Rwanda a

---

[41] Ban Ki Moon. 2015. *Objectifs du millénaire pour le développement. Rapport 2015*. Nations Unies. p. 3.

toute sa place dans les nouveaux objectifs assignés qu'il peut relever. Lors de l'établissement de ces objectifs, notons un élément important pour notre réflexion : la mise en avant du rôle de l'être humain et l'importance de la Déclaration universelle des droits de l'homme.

> Nous réaffirmons l'importance de la Déclaration universelle des droits de l'homme et des autres instruments internationaux relatifs aux droits de l'homme et au droit international. Nous soulignons la responsabilité qui incombe à tous les États, conformément à la Charte des Nations Unies, de respecter, protéger et promouvoir les droits de l'homme et les libertés fondamentales de tous, sans distinction aucune, notamment de race, de couleur, de sexe, de langue, de religion, d'opinion politique ou de toute autre opinion, d'origine nationale ou sociale, de fortune, de naissance, de handicap ou de toute autre situation[42].

L'être humain est ainsi au centre des objectifs fixés par les Nations Unies. L'être humain est également au cœur du concept de reconnaissance du génocide, en tant qu'impératif de l'être. La reconstruction est donc possible si la reconnaissance du génocide est en place. Le Rwanda ne peut avancer sans être uni et il ne peut pas être uni sans reconnaissance du génocide. Nous avons vu que la reconstruction est possible, elle est en cours, si on regarde notamment les politiques et programmes de santé publique. Les progrès sont importants. Mais il s'agit bien d'une reconstruction qui s'établit sur la période post-génocide, en prenant en compte les faits qui se sont déroulés, sans les occulter. Un exemple est celui de la création d'un Fonds d'assistance aux rescapés du génocide et des

---

[42] Nations Unies. 2015. *Projet de document final du Sommet des Nations Unies consacré à l'adoption du programme de développement pour l'après-2015. Assemblée générale.* A/69/L.85. Paragraphe 19.

massacres (FARG). Le fonds a pour objectif d'aider les rescapés financièrement, mais également dans le domaine de l'éducation ou encore de la santé. Il est créé quelques années après le génocide à la fin des années 1990 et perdure encore.

> Nous l'avons déjà dit ; nous le répéterons tout au long de cette étude, le génocide des Tutsi a profondément déstructuré la société rwandaise, en entraînant, par là, des conséquences incommensurables. Malgré leur caractère quasi ingérable, le gouvernement tente, tant bien que mal, de trouver les voies et moyens de faire face à ces conséquences. C'est un truisme de dire que la pire des réponses, face à cette situation, aurait été de ne rien essayer. La tragédie rwandaise d'entre 1990 et 1994 laisse au pays des milliers d'individus vulnérables, voire invalides, et donc incapables de se prendre en charge. A la pauvreté déjà initialement extrême, s'ajoutent des centaines de milliers de veuves, d'orphelins et de personnes handicapées, victimes du génocide et des massacres. Certes, bien qu'elles aient recouvré le droit à la vie physique par le fait même d'avoir été sauvées du génocide et des massacres, ces personnes sont restées, pour la plupart, mortes sur le plan moral et psychologique. Elles sont dans le besoin d'un réconfort dont l'aide matérielle constitue un ingrédient déterminant. C'est pour essayer de remédier à cette triste situation que le gouvernement du Rwanda met en place, quatre ans après le génocide, un fonds d'assistance à toutes ces personnes[43].

[43] Shyaka Mugabe A. 2009. *Réparation et réconciliation au Rwanda. Portée et limites de la justice transitionnelle.* Thèse d'université. Université catholique de Louvain. Belgique. p. 51-52.

Cet exemple montre la prise de conscience de la nécessité de la reconnaissance du génocide, et notamment des droits et besoins vitaux des rescapés. Il s'agit de ne pas mettre de côté une partie de la population suite au génocide. Sans cette prise de conscience, en l'absence d'effort pour perpétuer le processus de l'interprétation des faits, c'est-à-dire, la reconnaissance du génocide, la reconstruction du pays sera biaisée. Si l'unité est indispensable, elle est possible en admettant les faits qui se sont produits. Nous avons évoqué les politiques de santé et, si nous avons présenté les résultats encourageants, nous avons également mentionné que peu d'études scientifiques et médicales portent sur l'aspect psychologique et psychiatrique, en particulier des pathologies post-traumatiques dues au génocide. Pourtant l'impact du génocide est majeur sur le plan psychologique et psychiatrique.

> L'autre conséquence significative du génocide reste incontestablement le traumatisme psychologique, qui s'observe sur la population rwandaise en général, et sur la communauté des rescapés en particulier. Selon les spécialistes, lorsqu'un « événement traumatique » soumet l'appareil psychique à une série de contraintes qui ne peuvent pas être métabolisées, il se produit un choc dans l'appareil psychique, c'est le traumatisme. Le génocide ayant détruit les assises familiales de ceux qui y ont survécu, ceux-ci n'ont plus où s'appuyer, et cette situation les maintient dans une poignante précarité. Les observateurs sont unanimes pour affirmer que cette solitude étouffante explique en grande partie la souffrance traumatique que l'on trouve chez les rescapés. Pour beaucoup d'entre eux, la vie s'est arrêtée, ils se sentent aujourd'hui humiliés, démolis, anéantis, voire coupables de n'avoir pas été capables de

> porter secours aux leurs, massacrés sous leurs yeux, pour la plupart[44].

Les témoignages insoutenables sont une nécessité pour rendre compte de l'ampleur des massacres, de l'organisation de ces tueries, des atrocités sans commune mesure d'êtres humains envers d'autres êtres humains. La reconnaissance du génocide est la prise de conscience de ces atrocités, elle permet de rendre possible une future unité nationale, qui ne soit pas simplement proclamée par un gouvernement mais qui soit vécue comme telle au quotidien. Une génération après le génocide, les questions demeurent. La reconnaissance du génocide entre actuellement dans une phase historique. La justice n'est jamais terminée car le génocide est un crime imprescriptible, cependant le Tribunal pénal international pour le Rwanda a officiellement terminé son activité. La tenue des Gacaca (justice locale permettant de juger les génocidaires) est également terminée. La reconstruction du Rwanda nécessite de prendre en considération les victimes du génocide, de prendre en compte la mémoire des victimes, de prendre en compte la possibilité actuelle et future d'une unité nationale. Les traumatismes, notamment psychologiques et psychiatriques, dus au génocide sont cependant toujours présents. Prendre en charge ces traumatismes va permettre le processus perpétuel de l'interprétation des faits, c'est-à-dire la reconnaissance du génocide, et va permettre d'avancer dans la reconstruction du pays.

---

[44] Shyaka Mugabe A. 2009. *Réparation et réconciliation au Rwanda. Portée et limites de la justice transitionnelle.* Thèse d'université. Université catholique de Louvain. Belgique. p. 44.

Si la reconnaissance du génocide est indispensable pour reconstruire le pays, elle est également indispensable dans le domaine de la prévention. En 1948, un texte fondamental entre en vigueur et évoque la prévention du génocide. Qu'en est-il exactement, comment la prévention est-elle envisageable ?

CHAPITRE V

La reconnaissance du génocide : la prévention possible

De fait, la reconnaissance du génocide est un processus qui ne se termine pas et qui ne doit pas se terminer. L'oubli est très clairement l'ennemi. Pourquoi ? Si le négationnisme prévaut, si le génocide rwandais n'existe plus, c'est une porte à la négation de l'humanité entière qui est grande ouverte. Le génocide est en lui-même négation de l'humanité. En se souvenant de ces actes abominables, en essayant simplement de transmettre aux futures générations ce qui s'est passé, en tentant de comprendre les mécanismes exogènes, une lutte est possible contre un nouveau génocide.

L'objection immédiate qui vient à l'esprit est celle-ci : certes, mais alors pourquoi quatre décennies après la Shoah ce génocide a-t-il pu avoir lieu ? Il n'y a pas de réponse exacte à apporter à cette objection. Mais comme on peut l'imaginer dans la définition donnée de « reconnaissance du génocide », la question est très complexe. Plusieurs décennies seront encore probablement nécessaires pour lutter contre l'oubli du génocide et pour lutter contre la possibilité de nouvelles exactions. Certains répondront qu'il s'agit simplement de la nature humaine. Elle est vouée à sa propre destruction. Nous ne le croyons pas. Et le premier pas que nous pouvons tous faire est simplement de se rappeler qu'il y a plus de vingt ans, un million d'êtres humains a péri par le fait d'autres êtres humains.

Où en est alors la reconnaissance du génocide, vingt ans après ? Le risque de l'oubli est-il toujours menaçant ? Quelles sont les démarches entreprises pour lutter contre cet oubli ?

S'intéresser à ce sujet difficile et se poser ces questions est absolument nécessaire. Il ne s'agit pas d'être qualifié d'expert et de formuler des thèses ou des anti-thèses. Tout être humain a la possibilité, si ce n'est le devoir, de se questionner sur le génocide et sa reconnaissance, car le génocide touche l'humanité dans son entièreté. La vision est humaniste, nécessairement. C'est peut-être le rôle que nous avons tous en ce vingt-et-unième siècle de faire en sorte qu'il ne soit pas lui aussi « le siècle des génocides ». Au sein de la reconnaissance du génocide, nous avions distingué la phase politique, la phase de la justice puis la phase historique. Certaines de ces phases peuvent coïncider pendant un certain temps. Ainsi, dès l'après-génocide, les trois phases co-existent : la politique est nécessaire dans le redressement immédiat du pays, la justice est mise en place et procède aux premières décisions, que ce soit au niveau international ou national, les historiens peuvent également entreprendre leurs premières missions selon l'expertise antérieure qu'ils ont pu développer. Puis la phase politique peut cesser pour laisser place à la phase de la justice. Il est également un moment où la justice se poursuit en filigrane (car il y a imprescriptibilité) et laisse place à l'histoire. Plus de vingt ans après, qu'en est-il de ces trois phases, de ces trois domaines, la politique et essentiellement le redressement du pays, la justice (Tribunal pénal international pour le

Rwanda, Gacaca, les tribunaux locaux, ou les tribunaux d'autres pays jugeant des génocidaires) et l'histoire ? En déroulant les actions menées dans ces trois domaines, nous pouvons saisir si la reconnaissance du génocide est toujours un processus actif, ou s'il est un processus en perdition. En effet, la reconnaissance du génocide est nécessaire dans la prévention. Pour comprendre ce point, revenons sur les textes de l'après Deuxième Guerre mondiale. Le 9 décembre 1948, un texte est adopté par l'Organisation des Nations Unies. Il s'agit de la Convention pour la prévention et la répression du crime de génocide. L'objectif est, suite à la Shoah, de condamner par toute la communauté internationale ce qui est considéré comme le crime le plus inhumain : le génocide. Mais il s'agit également de tenter de se prémunir contre une réitération du génocide : « Les parties contractantes confirment que le génocide, qu'il soit commis en temps de paix ou en temps de guerre, est un crime du droit des gens, qu'elles s'engagent à prévenir et à punir [45] ». La Convention note donc prévenir et punir le crime de génocide. Le second élément est beaucoup plus décrit dans la Convention. Le contexte de l'époque permet de comprendre que la phase juridique est alors primordiale, mais la situation exceptionnelle demande des instances exceptionnelles et demande également de repenser les jugements en pratique du crime de génocide, qui est imprescriptible. Il est cependant bien noté dans la Convention la volonté de prévenir le génocide : « Toute partie contractante peut saisir les organes compétents de l'Organisation des Nations Unies afin que ceux-ci prennent, conformément à la Charte des Nations Unies, les mesures qu'ils jugent appropriées pour la prévention et la

[45] *Convention pour la prévention et la répression du crime de génocide*. 9 décembre 1948.

répression des actes de génocide ou de l'un quelconque des autres actes énumérés à l'article III[46] ». La Convention réaffirme la possibilité pour chaque signataire d'alerter l'Organisation des Nations Unies afin de prévenir le génocide. Cependant, les organes compétents de l'Organisation n'étaient pas ceux dévolus et spécialisés pour prévenir le génocide. En somme, la prévention est citée en 1948 mais il semble que dans la pratique, les moyens mis en place se sont tournés exclusivement vers l'aspect punitif des criminels de la Shoah. Il faut donc attendre les années 2000 pour voir réaffirmer la position de prévention du génocide. C'est lors du Sommet mondial de 2005 que le texte adopté mentionne la Responsabilité de protéger les populations contre le génocide, les crimes de guerre, le nettoyage ethnique et les crimes contre l'humanité. Trois articles composent cette partie : 138 à 140.

> 138. C'est à chaque État qu'il incombe de protéger ses populations du génocide, des crimes de guerre, du nettoyage ethnique et des crimes contre l'humanité. Cette responsabilité consiste notamment dans la prévention de ces crimes, y compris l'incitation à les commettre, par les moyens nécessaires et appropriés. Nous l'acceptons et agirons de manière à nous y conformer. La communauté internationale devrait, si nécessaire, encourager et aider les États à s'acquitter de cette responsabilité et aider l'Organisation des Nations Unies à mettre en place un dispositif d'alerte rapide.
> 139. Il incombe également à la communauté internationale, dans le cadre de l'Organisation des Nations Unies, de mettre en œuvre les moyens

[46] *Convention pour la prévention et la répression du crime de génocide*. 9 décembre 1948.

diplomatiques, humanitaires et autres moyens pacifiques appropriés, conformément aux Chapitres VI et VIII de la Charte, afin d'aider à protéger les populations du génocide, des crimes de guerre, du nettoyage ethnique et des crimes contre l'humanité. Dans ce contexte, nous sommes prêts à mener en temps voulu une action collective résolue, par l'entremise du Conseil de sécurité, conformément à la Charte, notamment son Chapitre VII, au cas par cas et en coopération, le cas échéant, avec les organisations régionales compétentes, lorsque ces moyens pacifiques se révèlent inadéquats et que les autorités nationales n'assurent manifestement pas la protection de leurs populations contre le génocide, les crimes de guerre, le nettoyage ethnique et les crimes contre l'humanité. Nous soulignons que l'Assemblée générale doit poursuivre l'examen de la responsabilité de protéger les populations du génocide, des crimes de guerre, du nettoyage ethnique et des crimes contre l'humanité et des conséquences qu'elle emporte, en ayant à l'esprit les principes de la Charte et du droit international. Nous entendons aussi nous engager, selon qu'il conviendra, à aider les États à se doter des moyens de protéger leurs populations du génocide, des crimes de guerre, du nettoyage ethnique et des crimes contre l'humanité et à apporter une assistance aux pays dans lesquels existent des tensions avant qu'une crise ou qu'un conflit n'éclate.

140. Nous appuyons pleinement la mission du Conseiller spécial du Secrétaire général pour la prévention du génocide[47].

---

[47] Organisation des Nations Unies. 2005. *Sommet mondial.* Articles 138 à 140.

Ce texte évoque une démarche pratique qui doit être mise en œuvre pour prévenir le génocide. Trois piliers émergent : tout d'abord, c'est à chaque État de prévenir le crime de génocide au sein de ses populations. Le deuxième pilier est l'aide de la communauté internationale pour aider chaque État dans cette entreprise. Le troisième pilier stipule la possibilité pour la communauté internationale d'utiliser les moyens diplomatiques, humanitaires et autres (sous entendu une action militaire) pour prévenir le crime de génocide si les États n'y remédient pas. Le premier pilier est en fait une réaffirmation de la souveraineté des États. L'Organisation des Nations Unies est une communauté internationale qui ne se substitue pas aux États. Il n'y a donc pas de changements majeurs dans les relations internationales, celles-ci étant fondées actuellement sur le principe de souveraineté des États. Le texte rappelle donc cette obligation qui incombe à chaque État, celle de protéger ses populations, en s'appuyant notamment sur la Déclaration universelle de 1948. Suivant cette logique, l'Organisation des Nations Unies n'a pas pour objectif l'ingérence au sein d'un pays. Elle peut apporter une aide et un soutien si nécessaire, c'est ce qu'évoque le deuxième pilier (fin de l'article 138). Si la règle est la non-ingérence, l'exception est celle d'une intervention de la communauté internationale qui peut mettre en œuvre des moyens diplomatiques, humanitaires mais aussi militaires si la situation l'impose. Ce troisième pilier suit la règle de la réponse proportionnelle en favorisant la diplomatie. En 2014, le rapport du Secrétaire général rappelle l'engagement de chaque État et de la communauté internationale face à la prévention du génocide.

Le consensus qui s'est formé depuis 2005 sur de nombreux éléments de la responsabilité de protéger peut poser les fondations des travaux futurs. Tout d'abord, les États conviennent que le champ d'application de la responsabilité de protéger est « étroit mais profond » : étroit, parce qu'elle ne concerne que les atrocités criminelles; profond, parce que sa mise en œuvre nécessite tout un train de mesures. En deuxième lieu, les États rappellent que la responsabilité de protéger incombe avant tout aux autorités nationales et qu'aucune société n'est à l'abri du risque d'atrocités criminelles. Ils reconnaissent en outre que les trois piliers de la responsabilité de protéger se renforcent mutuellement et qu'aucun ne peut être efficace à lui seul. En troisième lieu, les États font valoir systématiquement que la prévention est l'élément le plus important de la responsabilité de protéger, compte tenu des limites intrinsèques aux tentatives de règlement des crises déjà en cours. Ils admettent toutefois qu'il n'est pas toujours possible d'établir une distinction claire entre prévention et intervention. Enfin, les États rappellent que la communauté internationale doit s'acquitter de sa responsabilité de protéger dans le respect de la Charte des Nations Unies et des autres principes établis du droit international. Ils soulignent également que l'intervention prompte et décisive prévue au troisième pilier doit privilégier les mesures diplomatiques, politiques et humanitaires, le recours à la force militaire ne devant être envisagé qu'en dernier ressort[48].

---

[48] Organisation des Nations Unies. 2014. *Rapport du Secrétaire général. Nous acquitter de notre responsabilité collective : assistance internationale et responsabilité de protéger*. A/68/947–S/2014/449 .

Le rapport du Secrétaire général confirme le texte de 2005 et surtout montre l'importance d'être capable, pour la communauté internationale, de réagir face à de potentiels crimes contre l'humanité. Comment permettre en pratique la prévention du génocide ? Au niveau de l'Organisation des Nations Unies, des postes de Conseillers spéciaux pour la prévention du génocide et pour la responsabilité de protéger ont été créés. Ils permettent ainsi de faire le lien entre les signaux d'alarme détectés dans les pays concernés et les organes exécutifs de l'Organisation des Nations Unies afin d'agir selon les deuxième et troisième piliers si nécessaire. Ainsi, au sein du Bureau de la prévention du génocide et de la responsabilité de protéger, les informations sont croisées pour permettre un état des lieux à risque de génocide. Afin d'identifier les zones et les populations à risques, des facteurs de risque de génocide ont été décrits (Annexe 2). Il y a par exemple les situations de conflit armé, mais aussi les antécédents de violations graves du droit international des droits de l'homme et du droit international humanitaire ou encore les tensions entre groupes ou pratiques discriminatoires à l'encontre de groupes protégés et les signes d'une intention de détruire physiquement, ou tout ou en partie, un groupe protégé.

> Les sociétés qui ont une histoire de violence et de violations graves du droit international des droits de l'homme et du droit international humanitaire ou d'atrocités criminelles, ou dans lesquelles ces actes se produisent actuellement, peuvent être plus prédisposées à commettre de nouvelles atrocités criminelles. Comme l'histoire l'a montré, les atrocités criminelles, en général, et le génocide, en particulier, sont précédés de violations graves moins généralisées ou moins systématiques du droit international des droits de l'homme et du

> droit international humanitaire. Il s'agit généralement de violations des droits civils et politiques, mais elles peuvent également consister en de graves atteintes aux droits économiques, sociaux et culturels, souvent liées à des formes de discrimination ou d'exclusion de groupes, populations ou individus protégés. Ce facteur de risque est aussi pertinent lorsque les séquelles des atrocités survenues dans le passé n'ont pas été convenablement prises en considération par des processus de responsabilité pénale individuelle, de réparation, de recherche de la vérité et de réconciliation, ainsi que par des mesures de réforme générale des secteurs sécuritaire et judiciaire. Toute société dans une telle situation est plus susceptible d'avoir encore recours à la violence pour régler ses problèmes[49].

Nous voyons donc que l'un des facteurs de risque les plus importants est l'antécédent de crimes contre l'humanité, qui plus est de crime de génocide. Il s'ensuit que le travail de reconnaissance est déterminant pour permettre une prévention efficace. Comme le rappelle ce document de l'Organisation des Nations Unies, les séquelles des atrocités doivent être convenablement prises en considération. Pour cela, le travail de reconnaissance ne doit pas être mis de côté. Le processus de l'interprétation des faits, selon l'approche triple que nous avions définie : politique, historique, juridique, doit se poursuivre de génération en génération afin que le processus ne s'arrête pas et afin que la réconciliation soit durable et universelle. La proclamation de la réconciliation par l'État est un premier pas, mais il faut qu'en pratique ce travail se réalise par tous les individus. La reconnaissance du génocide est

[49] Nations Unies. 2014. *Cadre d'analyse des atrocités criminelles. Outil de prévention.* p. 11.

une condition *sine qua non* pour permettre une prévention utile.

La région des Grands Lacs dont fait partie le Rwanda est une région instable. Il s'agit donc d'une priorité absolue de permettre le travail de reconnaissance afin d'éviter le facteur de risque de séquelles non prises en considération et de prévenir des massacres qui pourraient arriver. Un pays voisin du Rwanda, le Burundi, est en proie à des exactions suite à une question de politique intérieure[50]. Le Burundi est considéré comme le frère du Rwanda car c'est un pays d'une taille comparable, très peuplé comme le Rwanda, avec une histoire coloniale commune. Les risques dans ce pays ne sont pas négligeables. L'escalade de la violence entre les forces en présence ne semble pas s'apaiser. Le Conseiller spécial de l'Organisation des Nations Unies pour la prévention du génocide indique que la situation est sérieuse. Même si le génocide ne sera pas une conséquence immédiate, il mentionne que si la violence ne cesse pas, une guerre civile pourra découler de cette situation, et toutes les hypothèses seront donc envisageables, y compris le risque de génocide[51].

Cette situation au sein du Burundi comprend plusieurs facteurs de risque de génocide. Le premier pilier nécessite donc l'intervention de l'État pour arrêter la violence. Le Conseiller de l'Organisation des Nations Unies pour la prévention du génocide peut donc alerter sur la situation et les mesures à prendre. Les deuxième et troisième piliers peuvent alors entrer en action pour tenter de stopper l'escalade de la violence et surtout un regain de violence

---

[50] Vandeginste S. 2015. Briefing : Burundi's electoral crisis – Back to power sharing politics as usual ? *African Affairs. doi:10.1093/afraf/adv045.*

[51] McCormick T. 2015. Burundi crisis escalates as military bases attacked. *Foreign Policy.*

qui se centrerait sur une communauté particulière ou une ethnie spécifique. La difficulté provient de l'appréciation de la situation. En effet, il s'agit de trouver les limites entre l'ingérence et la prévention de crimes contre l'humanité.

Le processus perpétuel de l'interprétation des faits a un rôle majeur. En effet, pourquoi la situation au Burundi peut-elle rapidement basculer ? Nous l'avons dit, le Burundi et le Rwanda ont une histoire commune et notamment l'histoire coloniale. La vision simpliste de deux ethnies qui s'affrontent - Hutu et Tutsi - a donc pu être inculquée au Burundi, comme c'est le cas au Rwanda. Par ailleurs, la déstabilisation politique peut s'associer au retour de séquelles non prises en compte du Rwanda voisin. Des factions du Burundi pourraient en effet s'armer grâce à l'aide de pays voisins afin de commettre des massacres organisés contre une partie de la population identifiée : en clair, commettre un génocide. Les séquelles non prises en compte sont donc un facteur de risque alarmant au sein de la région des Grands Lacs. Pour lutter contre cela, le processus de l'interprétation des faits doit être rendu perpétuel. Chaque génération doit savoir ce qui s'est passé en 1994, et dans quel contexte, avec le plus d'éléments possibles : historiques, politiques et juridiques (judiciaires).

Si la reconnaissance du génocide est une condition *sine qua non* pour la prévention du génocide dans la région des Grand Lacs, elle l'est aussi pour toutes les régions du monde. L'exemple donné, comme l'évoque le texte de 1948, en terme de punition du crime de génocide, peut être source de facteur de risque si celle-ci n'est pas menée à son terme. Or, l'absence de punition signifie quelque part l'absence de reconnaissance du génocide. Il s'ensuit qu'il y a un effet pervers sur la prévention du génocide, alors rendue beaucoup plus difficile. Le concept de reconnaissance du génocide est donc central dans la prévention du génocide. Si la prévention du génocide a été évoquée dès 1948, il semble que les dispositions pratiques ne soient constituées que plus récemment, au regard des massacres des années 1990, au Rwanda notamment, d'où la nécessité pour la communauté internationale de rester vigilante, afin de prévenir ces atrocités.

CONCLUSION

Prévenir le génocide par la liberté

En résumé, nous voulons montrer que le concept de reconnaissance du génocide est un concept à part entière et qu'il est central. C'est un concept à part entière parce qu'il ne suffit pas d'appliquer le concept de reconnaissance entre différents groupes sociaux, culturels ou autres pour permettre de saisir un enjeu qui touche non pas les droits de chaque entité, mais l'être humain. Axel Honneth mentionne les difficultés à établir le concept de reconnaissance quand sont en jeu les relations internationales, ce qui est le cas pour le génocide, un crime imprescriptible que tout État peut juger.

> Mais combien plus difficile devient la transposition, combien plus vastes les problèmes conceptuels, lorsque nous passons du plan de ces luttes collectives à celui des relations interétatiques ! Car on ne peut parler d'identité collective à propos des États — indépendamment même du fait que la fiction d'une population nationale homogène, à un moment donné, commence à se dissoudre définitivement face à la prolifération des sous-groupes ethniques et culturels. Même en amont de ce processus de dissolution, même quand des circonstances historiques favorables ont permis à

> l'idée d'État-nation de prendre réellement pied, on ne peut considérer les instances étatiques comme les simples organes exécutifs d'une identité collective. En effet, ils doivent constamment assurer des tâches de maintien de la sécurité, de conservation du pouvoir et de coordination économique, qui sont toutes soumises à leurs règles propres[52].

La reconnaissance du génocide est donc un concept singulier. Singulier parce qu'il met en relation l'un et le tout : chaque être humain et toute l'Humanité. Ce concept interroge chacun sur ce qu'il est, sur ses propres devoirs, sur son propre avenir, au sein de tous les êtres humains. La reconnaissance du génocide est un impératif de chaque être, il est nécessairement dans chaque être, guidé par la liberté. Ce qui permet à l'être d'agir, cette liberté, lui permet de savoir quels sont ses propres impératifs, dont celui de reconnaissance du génocide.

Nous avons vu que différents acteurs entrent en jeu dans le cadre de la prévention du génocide. Nous nous sommes appuyés sur les outils développés par la communauté internationale, l'Organisation des Nations Unies. Ces outils montrent que chaque État est responsable de la prévention. Ils montrent également que l'ensemble des États est responsable, solidaire des situations complexes pouvant amener au génocide. Mais il y a un point fondamental qui est celui de chaque être au sein de chaque État. C'est ce que note Mervyn Frost : la liberté et plus spécifiquement les libertés individuelles, sont fondamentales pour le concept de reconnaissance à un niveau de relations internationales inter-étatiques, niveau qui nous concerne dans le cadre du génocide.

---

[52] Honneth A. 2012. La reconnaissance entre États. *Cultures & Conflits* [En ligne]. 87.

> De plus, je soulignerai à quel point, dans le cadre actuel des pratiques internationales, la lutte pour la reconnaissance est liée à la valeur éthique de *liberté individuelle*. Par liberté individuelle, j'entends la liberté de chaque participant d'agir et de reproduire consciemment ces pratiques. Finalement, je m'attacherai à la façon dont nous devons comprendre la *guerre* en relation avec la liberté et la reconnaissance réciproque. C'est seulement quand nous comprendrons comment l'octroi (ou le refus) de reconnaissance fonctionne dans nos deux pratiques mondiales fondamentales, au sein de la société civile mondiale et de la société des États souverains, que nous aurons une bonne compréhension de ce que les décideurs en politique étrangère ont à défendre, parfois au moyen de la force militaire[53].

La liberté, dans le paradigme philosophique que nous avons choisi, est intrinsèque de l'être humain, elle est l'être humain. Cette liberté permet d'accomplir la reconnaissance du génocide, qui est un impératif de l'être. La reconnaissance du génocide est un préalable à la prévention du génocide.

Au final, la prévention du génocide passe donc par la liberté. Et plus particulièrement, ce que l'on nomme les libertés individuelles, qui émanent de la Déclaration universelle des droits de l'homme de 1948. Le contexte terrible du génocide, comme ce fut le cas au Rwanda, la négation absolue de l'être et de la liberté qui lui est attachée, peut être prévenu. Les outils développés notamment par l'Organisation des Nations Unies sont un début pour permettre en pratique la prévention du

[53] Frost M. 2012. Théorie constitutive : reconnaissance, éthique et politique dans les relations internationales. *Cultures & Conflits* [En ligne]. 87.

génocide. Mais il s'agit d'un travail de tout un chacun. Une instance internationale ne sera pas suffisante pour garantir la liberté et les libertés individuelles indispensables pour la reconnaissance et la prévention du génocide. Ainsi, non seulement d'un point de vue conceptuel, mais également d'un point de vue pratique, la prévention est possible grâce à la liberté.

Ce combat, car il s'agit bien d'un combat, est difficile. Le vingtième siècle nous a montré, à de nombreuses reprises, les atrocités dont les hommes étaient capables. Il nous a montré aussi que les hommes s'en sont relevés. Mais les séquelles restent. Elles peuvent être prises en charge comme il se doit dans l'optique principale de prévenir d'autres atrocités. C'est bien cela, le processus de l'interprétation des faits, que nous voulons rendre perpétuel. Chaque génération doit savoir que le génocide a été commis. Chaque génération doit s'interroger sur le pourquoi du génocide. Chaque génération le doit parce qu'elle est libre. La justice, le droit, la philosophie, l'histoire sont autant de possibilités pour permettre que le souvenir perdure, et pour permettre à chaque génération de s'interroger, si ce n'est de comprendre un peu cette humanité.

Au fond, ce qu'écrit Simone Weil (1909-1943) dans *Oppression et liberté* est peut-être ce qui est le plus juste à propos de la liberté.

Et pourtant, rien au monde ne peut empêcher l'homme
de se sentir né pour la liberté.

Jamais, quoi qu'il advienne, il ne peut accepter
la servitude ; car il pense.

BIBLIOGRAPHIE

Ban Ki Moon. 2015. *Objectifs du millénaire pour le développement. Rapport 2015.* Nations Unies.

Bensimon C. Le 1er janvier 2016. Le président rwandais Paul Kagamé annonce sa candidature à un troisième mandat. Journal *Le Monde*.

Binagwaho A, Mugwaneza P, Irakoze A, et al. 2012. Scaling up early infant diagnosis of HIV in Rwanda, 2008–2010. *Journal of Public Health Policy*.1–15.

Binagwaho A., Farmer P., Nsanzimana S. et al. 2014. Rwanda 20 years on : investing in life. The Lancet. 383:1-5.

Chrétien J.-P., Kabanda M. 2013. *Rwanda, racisme et génocide. L'idéologie hamitique*. Belin. Paris.

Del Perugia P. 1993. *Les derniers rois mages*. Payot. Paris

Djedanoum. N. 2000. *Rwanda. Kigali-Butare. Écrire par devoir de mémoire.* Lille. Arts et Médias d'Afrique.

Dumas H. 2014. *Le génocide au village. Le massacre des Tutsi au Rwanda.* Seuil. Paris.

Frost M. 2012. Théorie constitutive : reconnaissance, éthique et politique dans les relations internationales. *Cultures & Conflits* [En ligne]. 87.

Han CH, Ssewamala FM, Wang J. 2013. Family economic empowerment and mental health among AIDS-affected children living in AIDS-impacted communities: evidence from a randomised evaluation in southwerstern Uganda. *J Epidemiol Community Health*. 67:225–230.

Honneth A. 2012, La reconnaissance entre États, *Cultures & Conflits* [En ligne], 87.

Honneth A. 2015. *Le droit de la liberté. Esquisse d'une éthicité démocratique*. Gallimard. Paris.

Kalihangabo Mugemzi I. 2001. Le Rwanda dans le processus démocratique. *African Anthropologist*, 8(1), 60-67, p. 62.

Karageye J.-P. 2009. Rwanda : littérature post-génocide, écritures itinérantes : témoignage ou engagement ? *Protée*. 37(2):21-32.

McCormick T. 2015. Burundi crisis escalates as military bases attacked. *Foreign Policy*, 11 décembre 2015

Meessen B., Kashala J.P.I, Musango L., Lemlin J. 2006. Reviewing institutions of rural health centres: The performance initiative in Butare, Rwanda. *Tropical medicine and international health*. 11:1303–1317.

Meessen B., Kashala J.P.I., Musango L. 2007. Output-based payment to boost staff productivity in public health centres: contracting in Kabutare district, Rwanda. *Bulletin of the World Health Organization*. 85:198–115.

Mukagasana Y. 1997. *La mort ne veut pas de moi.* Editions Fixot. Paris.

Munyandamutsa N., Nkubamugisha P., Gex-Fabry M., Eytan A. 2012. Mental and physical health in Rwanda 14 years after the genocide. *Soc Psychiatry Psychiatr Epidemiol.* 47:1753–1761.

Murdoch I. [1953] 2014. *Sartre. Un rationaliste romantique.* Payot. Paris.

Nations Unies. 2014. *Cadre d'analyse des atrocités criminelles. Outil de prévention.*

Nations Unies. 2014. *Rapport du Secrétaire général. Nous acquitter de notre responsabilité collective : assistance internationale et responsabilité de protéger.* A/68/947–S/2014/449.

Nations Unies. 2015. *Projet de document final du Sommet des Nations Unies consacré à l'adoption du programme de développement pour l'après-2015. Assemblée générale.* A/69/L.85.

Okello J., Nakimuli-Mpungu E., Musisi S., Broekaert E., Derluyn I. 2014. The association between mental health symptoms among school-going adolescents in Northern Uganda: the moderating role of war-related trauma. *Plos One.* 9:e88494.

Otten M., Aregawi M., Were W., et al. 2009. Initial evidence of reduction of malaria cases and deaths in Rwanda and Ethiopia due to rapid scale-up of malaria prevention and treatment. *Malaria Journal.* 8.

Poreau B. 2011. *Extension de la théorie de la reconnaissance. L'exemple du génocide rwandais*. L'Harmattan. Paris.

Poreau B. 2012. *Rwanda : une ère nouvelle. Comprendre la reconnaissance du génocide*. L'Harmattan. Paris.

Poreau, B. 2014. Mapping Rwanda public health research (1975-2014). *African Health Sciences*. 14(4):1078-84.

Poreau B. 2016. *Rwanda et reconnaissance du génocide*. Deuxième édition. L'Harmattan. Paris.

Pourtier R. 2011. Les enjeux miniers de la guerre au Kivu. In Giblin D. (sous la direction de). *Les conflits dans le monde. Approche géopolitique*. Armand Colin. Paris.

Reyntjens P. 2003. La « transition politique » au Rwanda. *L'annuaire des Grands Lacs 2003-2004*.

Ruxin J., Negin J. 2012. Removing the neglect from neglected tropical diseases: Rwandan experience (2008–2010). *Global public health*.7:812–822.

Sartre J.-P. [1943] 2014. *L'Être et le Néant*. Gallimard. Paris.

Shyaka Mugabe A. 2009. *Réparation et réconciliation au Rwanda. Portée et limites de la justice transitionnelle*. Thèse d'université. Université catholique de Louvain. Belgique.

UNDP. 2014. *Millenium developmental goals – Rwanda – final progress report : 2013*. UN.

Vandeginste S. 2015. Briefing : Burundi's electoral crisis – Back to power sharing politics as usual ? *African Affairs. doi: 10.1093/afraf/adv045.*

Verguet S., Frithjof Norheim O., Olson Z., Yamey G., Jamison D. 2014. Annual rates of decline in child, maternal, HIV, and tuberculosis mortality across 109 countries of low and middle income from 1990 to 2013: an assessment of the feasibility of post-2015 goals. *Lancet Global Health.* 2:e698-709.

Weil S. [1933] 1955. *Oppression et liberté*. Gallimard. Paris.

ANNEXES

Annexe 1 : Objectifs de développement durable

Objectifs de développement durable

Objectif 1. Éliminer la pauvreté sous toutes ses formes et partout dans le monde

Objectif 2. Éliminer la faim, assurer la sécurité alimentaire, améliorer la nutrition et promouvoir l'agriculture durable

Objectif 3. Permettre à tous de vivre en bonne santé et promouvoir le bien-être de tous à tout âge

Objectif 4. Assurer l'accès de tous à une éducation de qualité, sur un pied d'égalité, et promouvoir les possibilités d'apprentissage tout au long de la vie

Objectif 5. Parvenir à l'égalité des sexes et autonomiser toutes les femmes et les filles

Objectif 6. Garantir l'accès de tous à l'eau et à l'assainissement et assurer une gestion durable des ressources en eau

Objectif 7. Garantir l'accès de tous à des services énergétiques fiables, durables et modernes à un coût abordable

Objectif 8. Promouvoir une croissance économique soutenue, partagée et durable, le plein emploi productif et un travail décent pour tous

Objectif 9. Bâtir une infrastructure résiliente, promouvoir une industrialisation durable qui profite à tous et encourager l'innovation

Objectif 10. Réduire les inégalités dans les pays et d'un pays à l'autre

Objectif 11. Faire en sorte que les villes et les établissements humains soient ouverts à tous, sûrs, résilients et durables

Objectif 12. Établir des modes de consommation et de production durables

Objectif 13. Prendre d'urgence des mesures pour lutter contre les changements climatiques et leurs répercussions

Objectif 14. Conserver et exploiter de manière durable les océans, les mers et les ressources marines aux fins du développement durable

Objectif 15. Préserver et restaurer les écosystèmes terrestres, en veillant à les exploiter de façon durable, gérer durablement les forêts, lutter contre la désertification, enrayer et inverser le processus de dégradation des terres et mettre fin à l'appauvrissement de la biodiversité

Objectif 16. Promouvoir l'avènement de sociétés pacifiques et ouvertes à tous aux fins du développement durable, assurer l'accès de tous à la justice et mettre en place, à tous les niveaux, des institutions efficaces, responsables et ouvertes à tous

Objectif 17. Renforcer les moyens de mettre en œuvre le Partenariat mondial pour le développement durable et le revitaliser

Annexe 2 : facteurs de risque de génocide

Facteurs de risque communs

Facteur de risque 1 : Situations de conflit armé ou autres formes d'instabilité

Facteur de risque 2 : Antécédents de violations graves du droit international des droits de l'homme
et du droit international humanitaire

Facteur de risque 3 : Faiblesse des structures étatiques

Facteur de risque 4 : Motivations ou incitations

Facteur de risque 5 : Capacité de commettre des atrocités criminelles

Facteur de risque 6 : Absence de facteurs atténuants

Facteur de risque 7 : Circonstances propices ou action préparatoire

Facteur de risque 8 : Facteurs déclencheurs

Facteurs de risque spécifiques

Facteur de risque 9 : Tensions entre groupes ou pratiques discriminatoires à l'encontre de groupes protégés

Facteur de risque 10 : Signes d'une intention de détruire physiquement, ou tout ou en partie, un groupe protégé

Facteur de risque 11 : Signes d'une attaque généralisée ou systématique lancée contre une population civile

Facteur de risque 12 : Signes d'un plan ou d'une politique pour attaquer une population civile

Facteur de risque 13 : Menaces graves à l'encontre de personnes protégées par le droit international humanitaire

Facteur de risque 14 : Menaces graves contre les opérations humanitaires ou de maintien de la paix

L'HISTOIRE

AUX ÉDITIONS L'HARMATTAN

Dernières parutions

L'ESPACE DANS L'ANTIQUITÉ
Sous la direction de Patrick Voisin et Marielle de Béchillon
L'espace est un thème permanent de la littérature antique, d'Homère au Ve siècle ap. J.-C. Il s'impose comme une préoccupation partagée, de l'habitant le plus humble à l'intellectuel le plus illustre. Les écrits antiques s'intéressent aux expériences et aux représentations de l'espace et nous invitent à un voyage au sein des mentalités antiques : c'est d'une ouverture de nature anthropologique dont il sera question, l'espace révélant également les valeurs, le mode de vie, les croyances ou les besoins de ces différentes civilisations.
(Coll. Kubaba, 38.00 euros, 378 p.)
ISBN : 978-2-343-05822-1, ISBN EBOOK : 978-2-336-37353-9

HÉPHAÏSTOS LE DIEU BOITEUX
Andrieu Gilbert
Presque toutes les mythologies possèdent un dieu boiteux, souvent forgeron : le cas d'Héphaïstos n'est pas unique et doit correspondre à un signe particulier qu'il faut trouver. Pourquoi ce dieu est-il si différent des autres et que représente cette singularité ? La singularité de cette divinité, qui semble à la fois immortelle et cependant particulière au point d'être presque rejetée, interroge. Homère nous en donne une image assez réductrice qu'il faut dépasser si l'on veut comprendre ce que les aèdes cachaient derrière leurs légendes.
(17.00 euros, 170 p.)
ISBN : 978-2-343-05974-7, ISBN EBOOK : 978-2-336-37490-1

POURQUOI ? LES LUMIÈRES À L'ORIGINE DE L'HOLOCAUSTE
Valdman Edouard
Et si la grande tentation pour les Juifs était d'oublier leur identité ? Et si l'assimilation faisait le lit de l'antisémitisme ? Et si la laïcité exacerbait les antagonismes religieux ? Et si les origines de l'Holocauste étaient à chercher aussi du côté des Lumières ? La réflexion de l'auteur, loin des préjugés bien pensants, est une contribution essentielle dans un contexte de résurgence de l'antisémitisme en Europe et dans le monde.
(10.50 euros, 78 p.)
ISBN : 978-2-343-04928-1, ISBN EBOOK : 978-2-336-36942-6

LES TONDUES
Un carnaval moche
Brossat Alain
Préface de Geneviève Fraisse
La tonte de milliers de femmes soupçonnées de «collaboration horizontale» avec l'ennemi est un phénomène qui a longtemps filé entre les doigts des historiens professionnels. Partant de cet embarras, l'auteur tente de saisir ces violences comme un phénomène «total» dont chaque facette ne s'éclaire qu'au prix de la mobilisation des savoirs et d'hypothèses infiniment variées. Le développement tardif, mais désormais bien ancré, en France, des études de genre souligne l'intérêt de la réédition de ce livre paru la première fois en 1992.
(Téraèdre, Coll. [Ré]édition, 36.00 euros, 348 p.)
ISBN : 978-2-36085-060-0, ISBN EBOOK : 978-2-336-37022-4

UN «MALGRÉ-NOUS» DANS L'ENGRENAGE NAZI
Les sacrifiés de l'Histoire
Cantinho Pereira Pedro
Ce livre constitue un humble hommage aux Alsaciens et Mosellans incorporés de force dans les armées allemandes lors de la Seconde Guerre mondiale et qui vivent dans l'ambiguïté de leur destin. Dans ce cataclysme, les agresseurs ont souvent été victimes de leurs propres actes. En racontant l'histoire vraie de Paul Freundlich, jeune Alsacien dont la vie a été bouleversée par la Seconde Guerre mondiale, le narrateur revient sur son propre passé.
(Coll. Mémoires du XXe siècle, série Seconde Guerre mondiale, 21.50 euros, 216 p.)
ISBN : 978-2-343-05059-1, ISBN EBOOK : 978-2-336-36992-1

TROUPES (LES) COLONIALES D'ANCIEN RÉGIME
Fidelitate per Mare et Terras
Lesueur Boris
Préface de Michel Vergé-Franceschi
«Le désavantage des colonies qui perdent la liberté de commerce est visiblement compensé par la protection de la Métropole qui les défend par ses armes ou les maintient par ses lois». Cette phrase de Montesquieu résume les liens compliqués entre une métropole et ses colonies sous l'Ancien Régime. La prospérité apportée par les colonies devait être souvent défendue avec acharnement. Des compagnies détachées aux régiments coloniaux, l'aventure des soldats au temps de la Nouvelle-France et des Iles demeure singulière et mal connue.
(SPM, Coll. Kronos, 45.00 euros, 534 p.)
ISBN : 978-2-917232-28-6, ISBN EBOOK : 978-2-336-36549-7

DROIT (LE) DES NOIRS EN FRANCE AU TEMPS DE L'ESCLAVAGE
Textes choisis et commentés
Boulle Pierre H., Peabody Sue
En France entre le XVIe siècle et le XIXe siècle, la vision de l'individu doté d'une liberté formelle fut confrontée à l'existence de l'esclavage aux colonies, en particulier lorsqu'à partir de 1716 une exception au principe du sol libre fut octroyée aux planteurs qui souhaitaient amener en métropole leurs esclaves domestiques. Tout un appareil juridique dut être créé pour accommoder cette

exception. Le présent ouvrage cherche à illustrer les différentes étapes que prit cette recherche d'un équilibre entre liberté et esclavage.
(Coll. Autrement Mêmes, 29.00 euros, 291 p.)
ISBN : 978-2-343-04823-9, ISBN EBOOK : 978-2-336-36295-3

ÂGES (LES) DE L'HUMANITÉ
Essai sur l'histoire du monde et la fin des temps
Bolton Robert
Comment, quand et pourquoi le monde a-t-il commencé ? Et quand touchera-t-il à son terme ? Les deux mille dernières années sont analysées en termes de cosmologie traditionnelle, à l'aide de la science des nombres afin de permettre le calcul de la position de notre époque dans l'ère à laquelle elle appartient. L'auteur arrive à la conclusion qu'il y a de fortes probabilités pour que son terme coïncide avec la fin des temps.
(Coll. Théôria, 28.00 euros, 272 p.)
ISBN : 978-2-343-03921-3, ISBN EBOOK : 978-2-336-36288-5

DIVINATION (LA) DANS LA ROME ANTIQUE
Études lexicales
François Guillaumont et Sophie Roesch (éds.)
Les Romains vivaient dans un monde peuplé de signes de la volonté des dieux. Savoir lire ces signes, par le biais de la divination, permettait aux hommes de s'assurer le succès de leurs entreprises. L'objet de ce recueil est de compléter par une approche lexicale les nombreuses publications déjà consacrées à ce domaine de la religion antique, afin de mieux définir les croyances et les pratiques divinatoires des Romains.
(Coll. Kubaba, 15.50 euros, 150 p.)
ISBN : 978-2-343-04273-2, ISBN EBOOK : 978-2-336-36431-5

DISPARITION (LA) DU DIEU DANS LA BIBLE ET LES MYTHES HITTITES
Essai anthropologique
Nutkowicz Hélène, Mazoyer Michel
Drames et tragédies se succèdent qui voient les destructions de la nature, de l'homme et du cosmos dans les royaumes tant hatti que judéen, témoins de la rupture entre le monde terrestre et le monde divin. Quelles explications les peuples touchés par ces situations de crises apportent-ils ? Quels sont les points partagés et les divergences développées par ces deux peuples ?
(Coll. Kubaba, série Antiquité, 22.00 euros, 214 p.)
ISBN : 978-2-343-04876-5, ISBN EBOOK : 978-2-336-36434-6

ÉCHANGES (LES) MARITIMES ET COMMERCIAUX DE L'ANTIQUITÉ À NOS JOURS (2 volumes)
Sous la direction de Philippe Sturmel
Tous les peuples, ou presque, ont voulu faire de la mer et des océans leur terrain de jeu, de chasse, d'échanges ou d'aventures. A l'aube de l'époque moderne, la navigation commerciale connaît un essor spectaculaire et les terres apparaissent comme un obstacle à son développement. La mer, enfin, comme lieu de toutes

les spéculations, intellectuelles, philosophiques ou utopiques. C'est cette grande histoire que les communications rassemblées dans cet ouvrage ont l'ambition de raconter.
(Volume 1, Coll. Méditerranées, 31.00 euros, 300 p.)
ISBN : 978-2-343-03509-3, ISBN EBOOK : 978-2-336-36383-7
(Volume 2, Coll. Méditerranées, 30.00 euros, 294 p.)
ISBN : 978-2-336-30724-4, ISBN EBOOK : 978-2-336-36382-0

MENSONGES DE L'HISTOIRE (Tome 2)
Monteil Pierre
Avec simplicité, esprit critique et objectivité, l'auteur s'attaque, dans ce second tome, à de nouveaux «mensonges de l'Histoire» : ainsi, saviez-vous que l'Enfer est une conception médiévale ? Que les chiffres arabes sont en réalité indiens ? Que Gutenberg n'a pas inventé l'imprimerie ? Qu'Abraham Lincoln était raciste ? Que l'Allemagne nazie fut le premier pays dans l'espace ?
(Coll. Rue des écoles, 30.00 euros, 300 p.)
ISBN : 978-2-343-04362-3, ISBN EBOOK : 978-2-336-36119-2

LES VOYAGEUSES D'ALBERT KAHN (1905-1930)
Vingt-sept femmes à la découverte du monde
Arasa Yaelle
Entre 1905 et 1930, Albert Kahn, riche banquier autodidacte, crée en France, une bourse féminine Autour du monde, octroyée aux plus brillantes des jeunes femmes titulaires de l'agrégation. Les lauréates se nourrissent, durant une année, d'un quotidien nomade, se frottant aux traditions les plus anciennes et à la modernité la plus échevelée. Courriers, rapports et carnets de bord narrent les changements de paysage, du monde, de la société, de l'enseignement féminin et de la vie des femmes durant un quart de siècle.
(38.00 euros, 382 p.)
ISBN : 978-2-343-04419-4, ISBN EBOOK : 978-2-336-36174-1

MYTHE (LE) INDO-EUROPÉEN DU GUERRIER IMPIE
Blaive Frédéric, Sterckx Claude
Cet ouvrage s'appuie sur les travaux de comparatisme indo-européen initié par Georges Dumézil et plus particulièrement d'un mythème de «guerrier impie» s'attaquant obstinément à tous les niveaux du sacré, du droit et du juste, repoussant dédaigneusement les avertissements divins et s'obstinant dans sa démesure jusqu'à succomber. Ces enquêtes rendent compte des formes et des motivations propres à chaque culture du guerrier impie (tels que les Grecs Achille et Bellérophon, les Romains César et Julien l'Apostat, l'Irlandais Cuchulainn, le Scandinave Harald l'impitoyable, voire l'Anglais Richard III).
(Coll. Kubaba, série Antiquité, 22.00 euros, 224 p.)
ISBN : 978-2-336-30260-7, ISBN EBOOK : 978-2-336-35479-8

L'HARMATTAN ITALIA
Via Degli Artisti 15; 10124 Torino
harmattan.italia@gmail.com

L'HARMATTAN HONGRIE
Könyvesbolt ; Kossuth L. u. 14-16
1053 Budapest

L'HARMATTAN KINSHASA
185, avenue Nyangwe
Commune de Lingwala
Kinshasa, R.D. Congo
(00243) 998697603 ou (00243) 999229662

L'HARMATTAN CONGO
67, av. E. P. Lumumba
Bât. – Congo Pharmacie (Bib. Nat.)
BP2874 Brazzaville
harmattan.congo@yahoo.fr

L'HARMATTAN GUINÉE
Almamya Rue KA 028, en face
du restaurant Le Cèdre
OKB agency BP 3470 Conakry
(00224) 657 20 85 08 / 664 28 91 96
harmattanguinee@yahoo.fr

L'HARMATTAN MALI
Rue 73, Porte 536, Niamakoro,
Cité Unicef, Bamako
Tél. 00 (223) 20205724 / +(223) 76378082
poudiougopaul@yahoo.fr
pp.harmattan@gmail.com

L'HARMATTAN CAMEROUN
BP 11486
Face à la SNI, immeuble Don Bosco
Yaoundé
(00237) 99 76 61 66
harmattancam@yahoo.fr

L'HARMATTAN CÔTE D'IVOIRE
Résidence Karl / cité des arts
Abidjan-Cocody 03 BP 1588 Abidjan 03
(00225) 05 77 87 31
etien_nda@yahoo.fr

L'HARMATTAN BURKINA
Penou Achille Some
Ouagadougou
(+226) 70 26 88 27

L'HARMATTAN SÉNÉGAL
10 VDN en face Mermoz, après le pont de Fann
BP 45034 Dakar Fann
33 825 98 58 / 33 860 9858
senharmattan@gmail.com / senlibraire@gmail.com
www.harmattansenegal.com

L'HARMATTAN BÉNIN
ISOR-BENIN
01 BP 359 COTONOU-RP
Quartier Gbèdjromèdé,
Rue Agbélenco, Lot 1247 I
Tél : 00 229 21 32 53 79
christian_dablaka123@yahoo.fr

Achevé d'imprimer par Corlet Numérique - 14110 Condé-sur-Noireau
N° d'Imprimeur : 128141 - Dépôt légal : avril 2016 - *Imprimé en France*